VERDADES ENCONTRADAS NA BÍBLIA

COMO SER RICO, ANTES DO DINHEIRO?

VOCÊ TEM O PODER DE GERAR A VERDADEIRA RIQUEZA

COMO SER RICO:

ANTES DO DINHEIRO

História do Autor

Olá, seja bem-vindo a uma das melhores e mais enriquecedoras leituras de sua vida. Eu sou Cleidison Bomfim, comecei minha jornada como ajudante de construção civil, ajudando a construir o sonho da casa própria de muitas pessoas, depois passei a ser ajudante de construção de sonhos maiores e agora usando outras ferramentas e é com essas novas ferramentas que eu espero contribuir para que você tenha mais resultados e sonhos construídos.

Como a maioria das pessoas que conheço estive sempre em busca de ser feliz, mas não apenas uma felicidade passageira. Estive em busca de uma felicidade mais plena e mais duradoura. Como sei que as conquistas são uma das maiores motivadoras do ser humano para ficar no estado de felicidade, entendo, então, que preciso construir o tempo inteiro, por isso aprendi desde muito cedo a ter objetivos claros e tangíveis, apenas colocando em prática de forma ainda inconsciente a força do pensamento, o que eu prefiro denominar de FÉ. Consegui muita coisa na minha vida e agora de forma consciente na fase adulta, com muita leitura e meditação comecei a ter certeza de que tudo é possível ao que crê, e imagino que se você também quer colher o melhor desta terra, tudo o que transmitirei aqui será de grande utilidade para você.

Em 2012, eu ainda adolescente, tive a oportunidade de ter muita experiência na vida, quando falo isso chego a pensar que sou mais velho do que realmente sou. Imagine um garoto com catorze anos já ter sido vendedor de picolé, de salgados, ajudante de pedreiro, ter trabalhado na olaria fazendo blocos cerâmicos e até mesmo em casas de farinha, transformando a mandioca em um alimento que é essencial na vida do nordestino. Mas como qualquer pessoa, eu tive um desejo muito ardente no fundo do meu ser, sabe quando é amor à primeira vista? Aconteceu comigo. Em um belo dia voltando da escola, eis que vejo um carro, sabe quando você é atraído por algo de maneira inexplicável? Pois bem, dessa forma aconteceu comigo. Coloquei no meu coração que quando eu crescesse teria um carro daqueles. Passaram-se dez anos desde aquele pensamento. Agora eu já me via com uns vinte e poucos anos, naquela fase em que o jovem acaba de sair da faculdade e está prestes a casar-se, pelo menos segundo o padrão estabelecido pela sociedade. E claro, com o desejo no meu coração de comprar um carro e a essa altura eu já nem lembrava mais que eu um dia havia pensado e desejado aquele veículo. Quando fui à loja me veio a memória aquele meu desejo de uma década atrás e ali estava eu, saindo com o carro que eu ainda na fase *teen* desejei. Agora entendendo que tudo que eu determinar na minha mente eu posso conseguir, aprendi então a criar metas. Pois, precisamos estabelecer um passo a passo para que todo e qualquer objetivo possa ser alcançado.

Enfim, hoje você começa a ter acesso a um livro escrito por um filho de pedreiro e diarista, que decidiu vencer na vida. Hoje um Bacharel em Administração, Radialista, Coach, palestrante e pastor em uma comunidade evangélica da cidade de Salvador, alguém que é totalmente apaixonado pelo aprendizado e que usa histórias da bíblia como bússola e manual para uma vida mais plena, entendendo que o conhecimento é a chave que abre qualquer porta. Tenha certeza que ao ler este livro você terá expansão de mente, imagine-se dentro do seu apartamento, sentando no sofá, acredito que deste lugar você não consegue enxergar tanto quanto quem está com a cabeça na janela. Então aproveite ao máximo esta leitura e comprometa-se com você mesmo a dar o seu melhor e contribuir cada vez mais com a sociedade que você faz parte!

Antes de começar a leitura do primeiro capitulo, me responda uma pequena pergunta, você sabe para que lado fica o Norte? Ótimo, o primeiro passo para quem quer chegar a algum lugar é saber onde almeja chegar. Você hoje está na figura A, comece a pensar no que você precisa fazer para chegar à figura B.

PREFÁCIO

CAPÍTULO 1

Não tenha pressa, *planos bem elaborados levam à fartura; mas o apressado sempre acaba na miséria. PV 21:5*

Ao começar a leitura desse livro ou mesmo se está ouvindo nosso áudio book, quero te pedir uma coisa, não tenha pressa, meu papel aqui é contribuir e o meu desejo é que você aperfeiçoe seu modo de ver a vida e seus negócios, então dê um passo de cada vez, pois a frase popular já deve ter chegado a sua mente antes mesmo de eu contar para você, a pressa é inimiga da perfeição, mas não só isso. Tenho outra frase para te surpreender já que essa, por já ter ouvido muitas vezes, você acabou prevendo e se antecipando, mas a próxima é: "Urgente é o que não foi feito no tempo apropriado". Será que você conseguiu entender a profundidade dessa frase? Se não conseguiu, volte e leia novamente.

Agora sim, você está começando a entender em poucas linhas que as informações que vou transmitir para você serão muito ricas, pois ao trabalhar em lugar bem severo quando fui funcionário de uma grande empresa de *Call Center*, já vi pessoas correndo cerca de cem metros para chegar até o relógio de ponto para registrar sua presença, tentando se apressar para ganhar trinta segundos, e algumas das vezes, levando um tombo e se atrasando ainda mais e não conseguindo cumprir o objetivo apenas porque não o fez em tempo hábil e ao tentar compensar acabou ficando com dois prejuízos, o do atraso e o do tombo que levou. Outro exemplo, é alguém que em uma rodovia tenta sair em ziguezague ultrapassando todos os carros a sua frente e se deparando no sinal vermelho. Quando você que vinha na sua velocidade normal encosta o carro no lado dele, olha como quem diz: "de que adiantou? ". Enfim, vamos otimizar nosso tempo e usá-lo sempre em nosso favor, por isso, para que as palavras desse livro possam fazer algum efeito prático na sua vida, faça uma leitura programada e diária, como pílulas, leia um ou escute um capitulo por dia, apenas. Para que possa fazer o efeito necessário para uma nova construção de pensamento, afinal o que aconteceria se o médico receitasse uma pílula de determinado remédio por dia e você querendo logo ficar curado da enfermidade tomasse toda a caixa de uma vez em um único dia? Obviamente que traria danos a sua saúde e por outro lado não resolveria seu problema, então vamos começar a nossa jornada e nossa etapa, lendo um capitulo após o outro, como aqui abordarei os procedimentos necessários e praticados por mim mesmo para alcançar meus objetivos, quero inicialmente pedir que você organize seu dia e seu tempo, afinal, tempo é dinheiro e se você não está o aproveitando da maneira adequada você está deixando de ganhar, por isso otimize seu tempo e planeje seu dia, e tenha bem claro em sua mente ou até mesmo em uma agenda quais são suas tarefas para a sua rotina desta hora, dia, semana, mês e se necessário e possível for até mesmo ano.

Quanto mais você tiver noção de como será gasto cada minuto de sua vida, melhor utilização você vai dar para o seu tempo, então comece já anotando em qual hora do dia você vai ler o próximo capítulo desse livro amanhã, se não tiver como anotar em uma agenda, mentalize e procure assumir um compromisso com você mesmo com o horário que você voltará a ler este livro. Assim como aquela pílula que você precisa tomar no outro dia e não pode esquecer, faça isso agora com seu planejamento de leitura, perceba que automaticamente você já começou a fazer sua agenda de rotina de amanhã, agora é só concluir e aproveitar ao máximo da melhor forma possível, seja correndo com seu animal de estimação, seja jogando vídeo game, seja brincando com seus filhos, ou quem sabe assistindo a um filme romântico bem grudadinho com seu amor, são várias as possibilidades.

Estudos comprovam que tudo que você faz durante vinte e um dias acaba tornando-se um hábito. Agora que você já sabe como funciona, então crie um hábito e faça seu planejamento para conquistar os objetivos desejados, comece a praticar tudo que você traçou como objetivo e insista até que esse período seja cumprido, depois daí, tudo se tornará mais natural, não tenha pressa de ficar rico e conquistar suas metas, pois quem deseja que o amanhã chegue logo, apenas está querendo abreviar seus dias na terra e usufruir pouco do que pretende construir, então comece sentindo o sabor de cada vitória, de cada etapa, comemore com você mesmo ou com as pessoas ao seu redor cada projeto concluído, aprenda com os seus erros e se puder aprenda também com os erros dos outros, afinal, você não tem tanto tempo de vida para cometer tantos erros, tem uma verdade que eu preciso te dizer: só fica rico do dia pra noite, aquele que faz aposta e dão a sorte de ganhar, ou aquele que consegue bens de formas ilícitas, ou ainda aquele que for agraciado com uma herança; acho que deu pra entender, fora isso, nós meros mortais precisamos aguardar uma semana após a outra, um ano após o outro até enfim chegar ao patamar que havíamos almejado.

É bem verdade que hora ou outra você vai encontrar pensamentos que talvez já ouviu alguém falar, mas a verdade é que estarei trazendo teoria da administração de empresas agregadas a textos bíblicos e ainda dando algum toque com base em alguns livros que tenho lido e recomendo, posso citar aqui os Livros: Como Fazer Amigos e Influenciar Pessoas – Dale Canegie;   A lei do sucesso – Napoleon Hill; O maior vendedor do mundo – Og Mandino.

Ainda aqui quero destacar nessa etapa fundamental alguns versículos do capitulo catorze do livro do Doutor Lucas, ele nos diz o seguinte: Pois qual de vós, querendo edificar uma torre, não se assenta primeiro a fazer as contas dos gastos, para ver se tem com que a acabar? Para que não aconteça que, depois de haver posto os alicerces, e não a podendo acabar, todos os que a virem comecem a escarnecer dele, dizendo: Este homem começou a edificar e não pôde acabar. Muitas empresas acabam quebrando no seu primeiro e segundo ano de existência, muitas vezes por falta de planejamento, ter todo projeto da empresa claro em mente não é o suficiente para que seu empreendimento dê certo, é necessário que tudo esteja no papel, do mais básico ao mais complexo, todas as informações devem ser escritas de forma detalhada, é preciso lembrarmos e que fé é uma coisa que não pode ser confundida com expectativa, pois você pode ter fé que seu empreendimento pode ser o maior o mais fenomenal o de grande credibilidade, mais lembre-se a expectativa elevada demais pode destruir sua fé, por isso, entenda que uma coisa é você visualizar o que você pode alcançar e outra coisa é criar expectativas. No entanto em vez disso, sugiro que crie planejamento, pois dentro do planejamento, você terá informações mais precisas, do quanto tempo vai levar para que você possa começar a lucrar, você vai perceber que o payback, ou seja o retorno e lucratividade que seu novo empreendimento vai lhe dar leva tempo, e é justamente em cima desse planejamento que você vai precisar trabalhar, ter de forma clara o local onde você vai montar as instalações da sua empresa, quantidade de funcionários para início das atividades, e por quanto tempo você tem fluxo de caixa para manter essas despesas, qual tipo de propaganda você terá condições de utilizar, e principalmente o público realmente está interessado no seu produto? E qual a estratégia de abordagem. Tudo isso deve ser levado em consideração.

Mais infelizmente o que acontece na maioria das vezes são empresas que são criadas sem ter objetivos claros, pessoas que imaginam que é possível fazer de qualquer forma, mais a verdade é que tudo, absolutamente tudo tem um formato apropriado para se fazer. Costumamos dizer que existe o meu jeito de fazer o seu jeito, a possibilidade de fazer de qualquer jeito, ou a escolha acertada de fazer do jeito certo. Então uma vez que sabemos disso temos uma decisão a tomar.

Perceba, que na história bíblia mencionada no início desse capitulo o autor aconselha que saibamos quanto temos para investir e quanto custa o nosso projeto, justamente para que ele não fique inacabado e seja criticado pelas pessoas que vivem ao seu redor esperando uma falha para te criticar, então o planejamento deve ser a primeira coisa que deve ser feita antes de começar um novo empreendimento

Numa outra história percebemos o Neemias, que trabalhava a serviço de um Rei, como copeiro mas precisava de autorizações para ser liberado e ir para a construção do muro.

Mais para isso ele precisa de algumas cartas de liberação, e todos esses pre requisitos fazem parte do planejamento, ele precisava também ter a definição de que tipo de material iria utilizar para a construção daquele muro, percebam que tudo é milimetricamente pensado e escrito principalmente. Mais diante de tudo que vamos mencionar aqui, quero já te dar uma boa notícia, os planos de Deus são maiores que os nosso, então sempre vamos conseguir um pouco mais além do que aquilo que pedimos ou pensamos. Notamos na história de Neemias, que ele solicita a carta ao rei para que pudesse atravessar as cidades, ele também conta o prazo de ida e volta para cumprir o seu planejamento, e esse tempo tem que está bem definido para que as frustrações sejam amenizadas, quanto aos retornos dos esforços imprimidos nas realizações de tarefas. É possível analisar nessa história que se trata da reconstrução dos muros de Jerusalém, isso quer dizer que ainda que sua empresa tenha quebrado inicialmente por falta de planejamento, vemos que é possível planejar e reconstruir, é a famosa palavra chamada resiliência tanto dita nos últimos dias. Algo surpreendente nos chamam atenção nessa história, alguns inimigos de Israel tentavam impedir a reconstrução e isso no mercado capitalista ocorre, quando os nossos concorrentes fazem de tudo para nos atingir, mais a história deixa um relato muito importante, perceba que enquanto os muros estavam sendo reedificados e os reinados vizinhos estavam prontos para atacar, um novo direcionamento foi tomado, e no contexto tínhamos trabalhadores segurando em uma mão ferramentas para reconstrução do muro e do outro lado armas para lutar contra o inimigo, mais uma vez vejam como é fundamental ter planos para construir, reconstruir e ainda ligar com as investidas da concorrência.

Outro exemplo de planejamento foi visto em gênesis quando o próprio Deus cria um plano e dá a Noé para execução, aqui conseguimos analisar e afirmar para você que o senhor pode colocar grandes projetos nas suas mãos, basta que você ande com ele, e ainda que as pessoas não acreditem nesse empreendimento, como aconteceu com todos aqueles que Noé convidou a entrar na arca, o Senhor assim fez se cumprir os seus planos. Mais algo que me chama muita atenção aqui é a riqueza de detalhes da construção, no que dizia respeito a tamanho de largura, altura, andares, quantidade de animais a serem levados, tipo de material a ser utilizado na construção, e isso nos ensina que não devemos economizar nos detalhes do nosso planejamento, o quanto mais claro estiver tudo, com certeza a probabilidade de acertos, será ainda maior.

CAPÍTULO 2

Arregace as mangas e mãos à obra: *O desejo do preguiçoso o mata, porque as suas mãos recusam trabalhar. Provérbios 21:25*

Só em falar a palavra "trabalho", já cansa muita gente, talvez pelo fato de ainda não ter encontrado um trabalho prazeroso, ou ainda porque sempre teve tudo de forma fácil pelos pais, que acabou não criando o hábito ou o entendimento que tudo na vida é criado a partir de um determinado esforço, o que podemos chamar de ação e o popular não a inercia, precisamos nos movimentar, afinal como já fala Newton, objetos parados sempre serão objetos parados e objetos em movimento sempre estará em movimento. O primeiro passo, então, é procurar atividades que você possa se identificar e ter o prazer de fazer, o segundo passo é entender que para adquirir bens e criar riquezas. É preciso trabalho, aliás, muito trabalho, se você ainda não é um empreendedor e dono do seu ou dos seus próprios negócios e pensa que pessoas ricas são aquelas que estão só sentadas o tempo todo sem fazer nada, ou apenas no campo de golfe jogando o dia inteiro, acredito que você esteja um pouco enganado, pode até ter alguém que faça isso, mas não é via de regra, pois, na maioria das vezes, os ricos estão sempre trabalhando e são pessoas sempre muito ocupadas.

Sabemos que um dos passos principais é fazer o dinheiro trabalhar pra você e por você, mais tudo passa por sua supervisão, você precisa estar sempre atento, pois existe um ditado popular no Brasil que cabe nesse trecho: "o que engorda o boi são os olhos do dono", então uma vez que eu entendi que vou precisar trabalhar muito para alcançar minhas metas, então é hora de matar toda a preguiça, ou qualquer resquício e mudar de atitude, o homem precisa produzir seu próprio alimento, se você começar a se esforçar um pouco mais, você vai sempre alcançar um pouco mais. Se servir de incentivo, quero dizer para você que se você estuda, existe alguém estudando mais do que você, se você trabalha tem gente trabalhando mais do que você, se você pesquisa, tem gente pesquisando mais do que você; e acredito que você não quer ser superado.

Nosso foco é falar do trabalho com base na bíblia, para começar posso te dizer um provérbio que gosto muito o qual diz, "vai ter com as formigas ó, preguiçoso", o qual grosso modo mostra o quanto as formigas trabalham para produzir seu próprio alimento, sua própria riqueza, para que possam no momento de inverno estarem abastecidas. Então que sejamos como as formigas, que comecemos a arregaçar as mangas e vamos à luta, o famoso matar um leão por dia, se possível e oportuno que matemos dois leões ou até três por dia, por que não? Se tudo é possível ao que crer. Tem muita gente por aí que se apega a um versículo para não trabalhar e para não produzir, o texto diz assim:

Não andeis cuidadosos quanto à vossa vida, pelo que haveis de comer ou pelo que haveis de beber; nem quanto ao vosso corpo, pelo que haveis de vestir. Não é a vida mais do que o mantimento, e o corpo mais do que o vestuário? Olhai para as aves do céu, que nem semeiam, nem segam, nem ajuntam em celeiros; e vosso Pai celestial as alimenta. Não tendes vós muito mais valor do que elas? **Mateus 6:25-34**

Mas vejam que na verdade, o texto está falando de ansiedade e/ou preocupação, não quer dizer que nós não devemos trabalhar, afinal nada de muito valor chega fácil de mais. Acredito que o trabalho ele dignifica o homem e de alguma forma dar-lhe sentido a sua vida, o provérbio de capítulo seis e verso nove, acaba exortando aqueles que ainda não tomaram uma injeção de ânimo, e as seguintes palavras podem ser lidas nele,

Ó preguiçoso até quando ficarás deitado? Quando te levantarás do teu sono **Provérbios 6:9**

Quando a bíblia relata que Deus fez o mundo em seis dias e no sétimo descansou, algumas pessoas imaginam que Deus está descansando até hoje, mas Jesus na oportunidade que teve, quando realizava um trabalho no sábado e foi repreendido disse, meu pai até agora trabalha e eu também, pois precisamos ser pessoas sábias e com atitude igualmente sábia, claro que todo ser humano precisa de um dia para descansar, no entanto, tudo é relativo. Pois não preciso ficar preso a culturas e nem ter que descansar no dia que todos descansam, posso tirar meu dia de repouso na segunda, quarta ou até mesmo no sábado, mas se no meu dia de folga aparece algo para fazer, devo dispensar ou devo realizar tal trabalho? Talvez alguns se façam essa pergunta. E a resposta só quem pode te dar é você mesmo, seja honesto e coerente com você mesmo e se questione, "realmente vale a pena? Se eu não fizer quais prejuízos podem me gerar? Vai ser tão rentável assim?" Entre outros questionamentos que você pode fazer no momento, todavia, não pode deixar que os imprevistos sejam rotineiros, para que você não fique na outra ponta, pois devemos ser moderados nem tanto, nem tão pouco; nem oito, nem oitenta; precisamos achar o equilíbrio.

Acredito que com essa parábola contada por Jesus te ajude a entender o que é de fato uma prioridade para que você possa sacrificar o seu dia de folga, existe a história de um pastor de ovelhas estava em sua casa e era um sábado e ali ele estava com sua família, chegou-lhe a notícia que uma de suas ovelhas caiu na areia movediça, ou atoleiro, antes que eu conclua a história, quero lhe questionar. Se acontecesse com você o que você faria? Continuaria descansando ou iria ao encontro para salvar aquela ovelha? Aquele pastor saiu do seu repouso e foi salvar sua ovelha. Com isso acredito que deu para ficar claro quando sacrificar seu dia de folga, mais talvez o preguiçoso ainda depois de todas as coisas ditas ainda tenha um argumento final, que proveito tem o trabalhador naquilo em que trabalha? E a resposta é simples baseado em Eclesiastes capítulo três no verso nove.

"que todo o homem coma e beba, e goze do bem de todo o seu trabalho; isto é um dom de Deus."
Eclesiastes 3:13

Pois acreditamos que não há pagamento melhor ao homem do que alegrar-se nas suas obras, pois essa é a nossa porção. O preguiçoso talvez nunca sinta o sabor de ver o resultado de um grande trabalho, mas você que está lendo com toda atenção este livro terá em nome de Jesus. Quero citar alguns exemplos para contextualizar, um pedreiro quando acaba de construir uma casa e olha todas as feituras de suas mãos logo se encanta com o resultado e tenha certeza que aquilo trará uma grande sensação de felicidade, bem como uma costureira, quando acaba de fazer um terno sob medida e o ver no seu cliente. Você consegue mentalizar junto comigo o aspecto no semblante daquela profissional, ou ainda quando um barbeiro ou uma cabelereira ver seu/ sua cliente saindo de seu salão mais bonito (a) do que entrou? Acredito que o resultado produzido por seu trabalho tenha esse mesmo sentido esse mesmo valor, ainda que de imediato você não consiga perceber, mais saiba que além de você ficar feliz com o seu trabalho você ainda está conseguindo fazer alguém feliz através dele.

Nos casos que mencionei, repare agora o sorriso no rosto do dono daquela casa ao olhar e ver sua moradia linda e aconchegante, aquele que acabara de sair do salão recebendo um elogio por estar com a aparência melhor, ou ainda aquele homem com um terno feito na medida ideal entrando ao encontro de sua noiva, conseguiu agora mentalizar o quanto trabalhar é importante, pois o preguiçoso além de não conseguir ter lindos momentos de prazer e felicidade, não vai conseguir fazer ninguém feliz, então meu desejo é que você trabalhe e mais uma vez trabalhe e depois trabalhe um pouco mais, e depois descanse e tenha condições de ter momentos lindos com seus familiares, ou com pessoas que te façam bem, tudo isso através do fruto do seu trabalho. E se precisarmos ainda de uma expressão mais dura para alguém que não gosta de trabalhar, a bíblia diz assim: se alguém não quiser trabalhar, não coma também, está escrito em segunda tessalonicense capítulo três no verso dez.

CAPÍTULO 3

Chega de Desculpite, entre em Canaã - *Então Calebe fez calar o povo perante Moisés, e disse: Certamente subiremos e a possuiremos em herança; porque seguramente prevaleceremos contra ela. Números 13:30*

Quero contar algumas histórias, mas histórias que fará você tomar novos rumos, caminhar em direção a Canaã e tomar posse dessa terra que foi prometida aqueles que tem visão e acreditam na promessa, mas para adentrar a esta terra que mana leite e mel é necessário dar um basta, um ponto final nas desculpas, tem gente que conta diversas vezes historinhas para si próprio que acabam convencidos que aquela é a verdade absoluta, repare alguém que em meio à crise de um país acabou perdendo tudo que havia construído, passa a contar a história de que a crise no país foi a causa de sua perda, mas como terceirizar a culpa se com a mesma conjuntura econômica outros empreendedores estão fazendo suas empresas crescerem ou até mesmo dobrarem de tamanho? Um outro caso que você deve conhecer são de pessoas que estão com a circunferência abdominal um pouco acima do normal, e diz um homem sem barriga é um homem sem história, ou aqui é meu charme, essa barriga me deixa sexy, são tantas as historinhas, são tantas as desculpites que essas pessoas passam acreditar nisso e jamais mudaram o quadro. O fato é que enquanto o empreendedor não assumir a responsabilidade de todas as coisas positivas ou nem tanto positivas que acontecem, eles não conseguirão assumir uma postura ideal para fazer a situação mudar, e converter-se na situação desejada, apenas como sugestão, se você puder a partir de hoje faça isso, foque apenas as coisas positivas, tente tirar proveito de tudo que acontece, verás que conseguirão atingir níveis incríveis. Quero antes de falar sobre Josué e Calebe, que tiveram a oportunidade de espiar a terra prometida e adentrar a ela, contar a histórias do cachorro na tábua!

Certo dia de madrugada estava eu vindo de mais um dia de descanso daqueles que decidimos viajar para bem longe para aproveitar ao máximo a vista do verde da natureza, sentir a brisa entrar pelas janelas do carro ouvir uma boa música em alto som e contemplar o quão bom é o criador de todas as coisas. Como você bem sabe toda viagem longa exige um reabastecimento do veículo, quando a viagem é longa, geralmente saímos do veículo enquanto abastece, para dar a famosa esticada nas pernas para relaxar um pouco, e ao descer dessa vez do carro me deparei com uma situação meio que atípica, quando aquele frentista se levantou da cadeira na qual estava sentado lendo seu jornal e veio para abastecer o veículo, quando olhei próximo da cadeira havia um lindo cachorro vira-lata, deitado gemendo e uivando, a curiosidade nessa hora falou mais alto e eu perguntei: senhor desculpa, mas o seu cachorro não para de uivar desde a hora que eu cheguei, será que ele está sentindo algo? E logo aquele frentista falou é que ele está deitado na tábua, e eu que já estava curioso, nesta hora então fui ao pico da curiosidade, e acenei com o ombro como quem diz, continuo sem entender. E coo ele percebeu começou a explicar mais detalhadamente, é que existe um prego na tábua e aí ele fica ali uivando, então perguntei e por que ele não levanta da tábua. Logo imaginei, quantas pessoas estão se fazendo de vítimas, quantas pessoas estão deitadas na tábua, e porque simplesmente não levantam, da tábua. Então acredito que se você conhece alguém que está na tábua, só reclamando sem quere levantar do local que machuca. Conte essa história para ela.

Nos últimos dias ao analisar as pessoas percebei, porque será que a a maioria das pessoas são pobres e uma pequena parte consegue viver em condições melhores, logo pode ter vindo em sua mente, a culpa é dos governantes, a culpa é dos pais que não conseguiram dar uma boa educação a essas pessoas, ou você pode encontrar milhares de culpados, mas não quero que me entendam como egoísta ou faça qualquer julgamento com que vou dizer, mais a verdade é que cada um tem a vida que merece. Quantas pessoas você conhece que saíram da mais baixa pobreza e se tornaram pessoas ricas, tanto como pessoa quanto financeiramente falando. E se foi possível para essas, o que há então de diferente das que conseguem e das que permanecem na mesma situação? A palavra é uma só, Desculpite, a famosíssima zona de conforto, os que conseguem são aqueles que levantam da tábua.

E agora sim a esperada história da conquista de Canaã a cidade que mana leite e mel a cidade fértil, lugar onde tudo que planta dar, no entanto nesse lugar prometido, a colheita era algo incrível, pois às árvores além de frutificar de forma abundante os frutos eram gigantescos, dá para imaginar uma um cacho de uva tão grande que precisava de dois homens para carregar. No entanto, nem tudo são flores, toda conquista vem com muitas afrontas muitas batalhas e na sequência a vitória daqueles que perseveraram.

A história se passa no capitulo treze do livro de Números no antigo testamento da bíblia cristã, tudo começa com uma ordenança de Deus, direcionada ao grande líder Moises, que transmitiu a informação àquele povo que já tinha vivido muitos milagres do Deus todo poderoso, eles contemplaram água saindo da rocha, viram o mar se abrir, foram sustentados com maná e ainda tinha a nuvem de fogo a noite para os aquecer no deserto e a nuvem para proteger do escaldante sol enquanto fazia sua trajetória no deserto. Porém no dia que Moises convidou doze homens para serem espias, sendo um da cada tribo, eles toparam o desafio e foram a Canaã, como existia já um questionário a ser preenchido pelos espias como relata a bíblia, eles foram para obter as seguintes informações: verificar como habitava aquele povo se em tendas ou em fortalezas, se eram numerosos ou poucos, se a terra era estéril ou se era boa para o plantio, enfim tudo que pudesse ser utilizado a favor do povo de Deus para a conquista daquela tão sonhada terra, mais logo chegaram os relatórios, você consegue imaginar a expectativa, os rostos tensos ávidos por boas notícias de repente começou o primeiro pronunciamento, antes de te falar o que dizia o primeiro pronunciamento você lembra que os espias enviados foram doze, no entanto desses apenas um número muito pequeno deu o parecer favorável, posso te falar em percentual, menos de vinte por cento das pessoas que foram colher as informações favoráveis, e este logo tomou a palavra pois sua fisiologia estava completamente positiva confiante e com o desejo que habitar naquele lugar e as escrituras sagradas revelam que Calebe fez calar o povo perante Moisés, e disse: Certamente subiremos e a possuiremos em herança; porque seguramente prevaleceremos contra ela.

No entanto nem todos comungavam do mesmo pensamento, sabe aqueles tipos de pessoas que só olham a s partes negativas das coisas? Eles também já existiam na época do patriarca Moises, e olha aquela palavrinha aparecendo mais uma vez, a famosa desculpite, e aqueles homens que contam historinhas chegaram e disseram: "Não poderemos subir contra aquele povo, porque é mais forte do que nós". Eles se limitaram a olhar apenas os problemas. Acredito que agora a ficha está caindo e você está começando a perceber que o que você é hoje e o que será amanhã, depende tão somente de você, mais entenda o que te levou até a entrada de Canaã não será o que te fará tomar a terra por herança, o que te trouxe até esse nível não será o que te conduzirá ao próximo, lembre-se atitudes iguais, sempre terão resultados iguais e atitudes diferentes, com certeza provocarão resultados diferentes, Analise comigo os doze homens enviados por Moisés tiveram coragem de olhar a terra, mas apenas dois tiveram coragem para receber a promessa, afinal a promessa está aí disponível para todos, mais agora a decisão é sua. Você vai preferir, fica no grupo que temem e dizem tem muitos gigantes jamais venceremos, do grupo que fica deitado na tábua com prego, ou do grupo que se levanta e com toda energia positiva foca o alvo e acerta com toda força e todo vigo? Seja o corajoso de sua geração e vai lá enfrenta o gigante, acerte ele com o recurso que você tiver e com certeza vencerá, saia do lugar que limita sua visão, na sua frente o gigante impede que você veja o horizonte, mais se você usa o gigante como aliado você sobe nos ombros dele e amplia sua visão.

CAPÍTULO 4

Propaganda para alcançar o sucesso: *E disse-lhes: Ide por todo o mundo, pregue o evangelho a toda criatura. Marcos 16:15*

Veja no exemplo de Jesus ele está a caminho de uma cidade chamada Gadara, no caminho encontra um homem possesso com uma legião (porque eram muitos os demônios) e os espíritos malignos questionam a Jesus sobre sua presença naquele local. Logo, ao perceberem que deveria deixar o corpo daquele rapaz, pediram que se lançassem em uma manada de porcos que estava pastando ali próximo e com a permissão de Jesus aconteceu da forma solicitada. Eram cerca de dois mil porcos, os quais acabaram caindo em um desfiladeiro, com todo esse desenrolar, o jovem rapaz que havia sido liberto e agora não se encontrava mais como um louco possesso, pediu a Jesus que ele o pudesse seguir, no entanto Jesus disse: melhor você ficar e anunciar para todos o que aconteceu, esse relato está no evangelho escrito por Marcos no capítulo cinco e é encontrado também em outros livros do novo testamento. Entretanto, o que chamou atenção nessa passagem foi o papel daquele jovem rapaz curado ele tinha o papel de anunciar para seus familiares e vizinhança o que havia acontecido. Então grave a palavra **ANUNCIAR**, este tópico é muito importante para que qualquer empresa cresça e ganhe credibilidade, além das grandes mídias, o boca a boca é o que dá maior credibilidade, então vejam que Jesus percebia ali que o evangelho cresceria com sua propagação, o que nos faz entender na nossa vida como empreendedor que nossas vendas terão sucesso e credibilidades sim, mas para alcançar o maior número de pessoas a marca precisa ser propagada.

Mostrarei outro discurso de Jesus a respeito disso, no qual ele diz ide por todo mundo e **pregai** o evangelho a toda criatura, o que deveria ser vendido aqui a palavra, mesmo que de graça deveria ser vendida, peço desculpa pelo paradoxo, mas precisava explicar assim, para que pudesse ficar mais claro a importância da divulgação.

Podemos ainda usar outras estratégias que estão dentro do marketing de guerrilha, como prestar um favor a sociedade, ajudando alguém, de alguma forma. Já imaginou a quantidade de mídia espontânea que determinadas ações fazem e isso traz grandes retornos e valores a marca, então chegou a hora de reforçar ou reconstruir conceitos, para que sua empresa cresça e seja conhecida não só pelo que vende, mas também pela contribuição que você da para a sociedade a qual está inserida a sua empresa, você pode ajudar a uma pessoa individualmente, a depender do tamanho da sua organização, ou um abrigo, uma instituição, independentemente de qualquer coisa ajude alguém, isso verdadeiramente te dará a maior propagação que você imagina. Posso comprovar com outro exemplo de Jesus, também no evangelho escrito por Marcos, no final do capitulo um, quando ele acaba curando certo rapaz e pede para que ele não fale a ninguém o que aconteceu, no entanto, o rapaz acaba espalhando para todos de forma que Jesus não podia mais aparecer mais publicamente que a multidão o cercava.

Enfim, aprendemos duas coisas importantíssimas, primeiro que a divulgação é muito importante e isso talvez seja **chover no molhado**, mais muita gente, não está nem aí para divulgação pasmem, mais é a realidade, outra coisa, que aprendemos é que quando nós ajudamos alguém de alguma forma, a sociedade ver nossa empresa com outros olhos e isso agrega valor. E além de tudo faz sua marca ser ainda mais conhecida, então faça sua marca ser vista mostre o que você faz e com certeza você vai atrair clientes e seus negócios serão muito rentáveis. Quero fechar com um exemplo pessoal, fui comemorar junto com minha filha e esposa o meu aniversário, eram chegados meus 29 anos, eu havia escutado e coloquei isso como meta de vida que até essa idade era o tempo que tinha um homem para conquistar tudo que precisava nessa sociedade contemporânea e que a partir daí era só manter e aumentar o patrimônio. Enfim, talvez você esteja se perguntando: onde está à propaganda nisso? Vou te contar, pois toda venda precisa acontecer baseada em história, precisamos aprender a contar história para termos boa resultados, e essa é mais um dica que eu dou, mas voltando a praia do forte, onde fui comemorar mais um ano de vida, em 29 de agosto de 2017, no caminho em direção ao hotel pousada da Madalena, em praia do forte, estava olhando a paisagem quando passo na porta de um restaurante muito bonito, dirigindo o meu carro, a velocidade de 15 km/h então olhei atentamente e lá estava uma das propagandas mais simples e que foi suficiente para me atrair naquele momento, comida caseira R$ 12,00 e eu disse logo mais ao meio dia é certo que estarei aqui para experimentar essa comida caseira e logo coloquei minhas malas no quarto e junto com minha família me deliciei com uma das mais deliciosas comidas caseiras que comi na minha vida. Mas tudo isso só aconteceu, por conta da propaganda simples um pequeno quadro de 50 cm por 50 cm escrito "comida caseira doze reais", então a programação de não almoçar e apenas lanchar na areia da praia, acabara de ir pelo ralo, com tão atrativa propaganda, tive que voltar para almoçar aquela carne do sol e purê de bata, com arroz e macarrão e ainda feijão e salada por apenas doze reais. Então nunca esqueça invista em propaganda e propague os produtos e serviços que você possui.

CAPÍTULO 5

Aproveitando oportunidades: *"E Jacó deu pão a Esaú e o guisado de lentilhas; e ele comeu, e bebeu, e levantou-se, e saiu. Assim desprezou Esaú a sua primogenitura."* Gênesis 25:34

Nessa longa caminhada da vida, alguém pode escolher ser vítima da sociedade, da família, dos filhos e reclamar de tudo, ou ser o herói da história. Vamos analisar nossa vida de forma mais organizada, para que as situações tenham um sentido diferente, costumo dizer que se uma janela se fecha é para abertura de uma porta, então não esteja apegado a situações, vamos criar modelagens para que possamos transformar nossos pensamentos em ações e tirar do papel o projeto e colocar em prática. Comece dizendo: "Deus ilumina minha mente, manda inspiração para que eu possa fazer um projeto que tenha resultado". Tenha certeza que as coisas vão acontecer de forma natural, quero usar duas frases muito fortes para contar duas histórias que nos ensina muito e começa a transformar nossa vida.

A partir do entendimento da profundidade do que elas querem dizer, uma das frases diz que **"o boi morre para o bem do urubu"**, isso quer dizer que infelizmente enquanto alguém está perdendo você pode ganhar com aquilo, e talvez alguém esteja usando do seu juízo de valor agora e fazendo algum tipo de julgamento dessa frase, mais é bom que isso gere em você uma reflexão, quero tornar o ditado ainda mais esclarecedor caso, você não tenha conseguido entender. Quando um boi morre na estrada, no pasto, ou em qualquer lugar que seja, ele se decompõe e nesse processo ele atrai os urubus, que por sua vez, necessita desse animal em decomposição para se alimentar, pois se isso não acontece a ave, não poderia por sua vez se sobreviver. Entenda, por favor, não foi o urubu que causou a morte do animal mais aquilo, acabou o beneficiando. Para que a situação comece a ficar ainda mais clara em sua mente, que é programada como aprendemos na neolinguística por alguns "**Ps**" sejam eles: pais, pastores, padres palestrantes, professores, parentes, patrões, propaganda, dentre outros. O fato é que muita gente deixa se programar inconscientemente e não consegue pensar a fundo no que acontece com seu comportamento, perceba que com a frase que eu mencionei, sobre a morte do boi e benefício do urubu, eu não estou falando nada além de uma coisa chamada ciclo, nós precisamos nos posicionar e decidirmos em que etapa desse ciclo nós queremos entrar, como nós podemos ser beneficiados, pois até chegar à morte do boi, a terra já tirou proveito dos sais minerais, o capim já tirou proveito da terra, o boi já tirou proveito do capim e assim por diante, só que você escolheu ser o urubu, ou seja, ser a última parte do processo que no final o próprio urubu vai para terra iniciando novamente o ciclo, que pelo menos aqui posso chamar de virtuoso, já que de alguma forma existem ganhos em todas as etapas.

Outra expressão que pode ilustrar de forma ainda mais clara o que quero transmitir para você diz o seguinte: **"enquanto uns choram outros vendem lenço"**, aqui mais uma vez parece algo muito cruel de ser lido e mais uma vez te trago a reflexão. No entanto, quero dessa vez perguntar: você prefere ser o vendedor de lenço ou o que chora? No momento em que escrevo esse capítulo do livro eu estou em uma oficina mecânica, colocando o carro para fazer um reparo, acredito que é uma situação bem comum e que vai despertar seu entendimento agora mais que nunca, enquanto estou na oficina estou fazendo o papel do que chora, pois preciso desembolsar um valor para pagar ao profissional, enquanto isso ele é o vendedor de lenço, acredito que agora sim você conseguiu captar a mensagem, e é nesse exato memento que eu pego meu carro, agradeço ao rapaz pelo serviço prestado, pois o sentimento de gratidão traz com ele grandes benéficos para nossa vida, e saio em direção ao escritório para as atividades diárias, no caminho encontro mais um vendedor de lenço, quando um engarrafamento se forma repentinamente, de maneira que eu não esperava um acidente a frente criando um transtorno imenso, em um dia se sol escaldante em salvador, o ar condicionado do carro não estava conseguindo combater o imenso calor, e com isso vem uma sede tamanha, e olha quem aparece, no meio daqueles motoristas presos no engarrafamento, sim ele o vendedor de água, eles apenas esperavam sua chance de entrar em cena e aumentar sua lucratividade, pois se antes do engarrafamento se formar eles estavam dentro dos ônibus vendendo, agora eles conseguem enxergar um novo nicho, um novo potencial cliente, e eles partem para o campo de guerra e ali conseguem aumentar seus ganhos, percebam como quando você menos espera aparecem os vendedores de lenço, talvez o que você precisa nesse momento seja identificar no seu ramo de atividade como ser um vendedor de lenço para aproveitar as oportunidades que surgem, muitas vezes elas são únicas, e alguns despercebidos não conseguem segurar.

Pode ser que você tenha a sorte como um grande produtor musical que teve a chance da vida de ganhar muito dinheiro com uma banda de rock dos EUA e acabou mandando aqueles meninos irem embora, alguns anos depois viu o maior sucesso da música em todo o mundo e percebeu ali a grande oportunidade que havia perdido. Em seguida ele vai e lança uma banda de rock que consegue alcançar o sucesso daquela primeira que ele havia deixado ir embora, entendam que caso de segunda chance para alcançar o sucesso é raro, mais ele criou em sua estratégia uma tática chamada **MODELAGEM**, antes de tudo perceba que modelagem não é cópia, não é plágio, não é imitação, é construir modos operantes de acordo com o caminho traçado por alguém que conseguiu acertar, e alcançar o objetivo.

Depois de mostrar por expressões o que devemos aprender, agora senta que La vem história, existia uma mulher chamada Rebeca e com um marido que vinha de uma descendência que tinha a promessa de ser pai de multidão e que os filhos dos seu filhos seriam próspero, leia-se teriam abundancia, então Isaac, filho da promessa agora, junto com sua esposa Rebeca estão esperando filhos gêmeos, nasce o primeiro e é chamado de Esaú e na sequência vem Jacó, os meninos cresceram, sendo Esaú o menino cabeludo e mais amado pelo pai, e Jacó o menino liso, sem pelos, sendo mais amado pela mãe, de sorte que Esaú por ter sido o primeiro a nascer tinha direito a primogenitura, logo deveria ser o chefe da família com o passamento do seu pai, que a essa altura já estava idoso e não enxergava mais. No entanto Rebeca juntamente com seu filho mais achegado Jacó planejam e fazem com que Jacó receba a benção no lugar do seu irmão, uma vez que o pai já não consegue mais identificar quem é quem, e mesmo desconfiado, acaba abençoando Jacó, este moço por viver mais com mãe tinha grande talento para cozinhar enquanto Esaú dominava a arte da caça, em um desses dias em que o trabalho de caça foi muito duro e cansativo, chega o filho cabeludo de Isaac, faminto ele sente o cheiro de um guisado maravilhoso e delicioso, temperado com os famosos temperos **bote fé**, quando ele chega e pede a seu irmão uma porção daquela comida, Jacó pensa essa é minha chance minha grande oportunidade de comprar a primogenitura, que era um direito que também podia ser negociado entre os irmãos, então Jacó lança a proposta e diz ao irmão: dou-te uma porção deste delicioso guisado em troca de sua primogenitura, e Esaú respondeu, de que me servirá primogenitura, se estou a ponto de morrer com a fome que estou, dá-me logo esse guisado e fica com a primogenitura, e assim aconteceu mais uma venda de lenço.

As oportunidades estão nas necessidades, tem muita gente necessitando de muita coisa, o que precisamos é descobrir exatamente de que eles estão precisando. Veja que quando estamos na expectativa da oportunidade ela aparece, na prática, podemos aplicar isso de maneira simples, imagine que você precisa comprar um carro, e tem apenas quinze mil reais em mãos, mas seu desejo é adquirir um veículo que custe pelo menos trinta mil reais, na outra ponta da cidade, tem alguém que está precisando de quinze mil para uma viagem urgente, mas não está encontrando quem pague o valor devido de trinta mil que vale seu automóvel, então essa informação chega até você, e tal proprietário do carro relata toda a história, e você pensa esse é o momento de comprar esse carro pagando mais barato, aí você oferece apenas quinze que é o que você tem, ou seja, metade do preço que vale o carro, e obviamente o dono do auto falará, não tem como vender por esse preço amigo, a oferta é tentadora, já que ele precisa dos quinze mil para resolver sua situação, mas mesmo assim ele não vende, então você oferece os quinze mil à vista e mais cinco em três meses, ele vai te dar uma contraproposta e vai falar me dê os quinze e mais sete, logo você vai falar ok negócio fechado, e estará comprando seu sonhado carro por vinte e dois mil reais, conseguindo deixar de gastar oito mil, e tudo isso por estar atento as oportunidades, nesse ciclo, apesar de você ter saído ganhando você precisa pensar que ajudou alguém também, graças a sua grana guardada pronta para investimento aquele rapaz que te vendeu o carro, agora tinha dinheiro para fazer sua viagem e com isso ganhar muito mais dinheiro e repor aquele valor que ele perdeu, pois enquanto ele necessitava fazer um sacrifício para crescer mais na vida, você estava pronto para ajudá-lo e claro se ajudar também. Veja que sempre todo mundo sai ganhando, então vender ou comprar lenço, ser urubu ou boi, vai ser sempre as opções que estarão diante de nós. Ora seremos os vendedores, ora seremos os compradores, e todos saíram sempre beneficiados, lembra lá em cima quando falei que tive que investi um valor para manutenção do meu carro. Pois bem aparentemente eu estava apenas perdendo, mais na outra ponta eu estava ganhando, tendo o meu carro apto para prospectar e conquistar novos clientes.

Lembra-se da água que precisei comprar, ela manteve minha garganta úmida para que eu pudesse falar com meu cliente e demonstrar meus produtos e serviços para ele, além obvio do benefício que água traz para o corpo, traduzindo é isso. Chorar e vender lenço, mais aproveitar ao máximo às oportunidades de vender o lenço, as oportunidades de ser o último do ciclo, não ser terra, não ser capim, não ser boi, mas sim ser o urubu. Com isso tenha certeza que sua mente agora está preparada e você vai conquistar muito mais

CAPÍTULO 6

Quem tem mais tempo livre, tem mais tempo para pensar: *há um tempo certo para tudo. Eclesiastes Três*

Gestão do tempo, talvez esse seja nosso maior desafio, para começar a organizar nossa vida, e fazê-la tomar o rumo desejado. Percebo que a maioria das pessoas apenas tem sua rotina traçada na mente, e com isso acabam não fazendo planejamentos em uma agenda, fato que o acaba prejudicando uma vez ou outra, quando acontecem os esquecimentos.

Uma vez na faculdade meu professor de liderança falou uma frase, que oito anos depois me lembro, como se fosse hoje, a famosa frase dizia o seguinte, **vamos deixar como está pra ver como é que fica**, ou seja, pessoas que vivem e gastam o tempo sem a menor organização, e acaba desperdiçando seu tempo e deixando de fazer coisas que lhes trairiam mais benefícios, quem sabe até mais rentabilidade, justamente porque nunca se preocupou em colocar suas atividades de rotina no papel. No final deste capitulo, deixarei um modelo de tabela, se você puder pegue o exemplo faça seu roteiro e imprima apenas as palavras chaves, os horários e dias da semana com suas atividades rotineiras e cole em uma cartolina, e sempre que você acordar pela manhã, você vai até aquele mural, e terá claro na sua mente que não temos tempo para perder com coisas que não nos trazem benefícios.

Você deve já ter encontrado alguém que disse nossa, o dia hoje passou voando não deu pra fazer nada, ou outro dizendo a semana passou voando, talvez essas frases sejam normais para muitos, principalmente aqueles que estão com muitas ocupações, ou talvez, aqueles que não conseguiram se organizar de forma que pudessem aproveitar melhor cada ação feita no seu dia. Gosto de falar que o dia não é feito só para trabalhar e ganhar dinheiro, mais sim para viver, e na minha tradução viver é poder cuidar da mente tendo um tempo do seu dia para a leitura de um conteúdo que agregue valores e enriqueça seu capital intelectual, tempo para você levar seu filho na escola no curso ou simplesmente para ir a padaria comprar pão com você, ou ainda tempo para chegar do trabalho pegar seu lindo cachorro e dar uma volta, ou ainda poder exercitar e cuidar do seu corpo, numa caminhada ou mesmo na academia, e tempo para conversar com seus amigos ou até mesmo seu parceiro (a), nossa com tanta coisa parece que o tempo é curto, mas te garanto é possível. Se você fizer uma análise do seu dia e estiver apenas trabalhando, é hora de parar e reconstruir conceitos, pois uma coisa é certa quem só tem tempo para trabalhar não tem tempo para ganhar dinheiro, muito menos para ter uma vida social.

E se você está lendo esse livro, você está encontrando a voz amiga que você precisava para te dizer, pare, sim pare. Essa é a hora do seu freio de arrumação, não entre nesse jogo da manada do ciclo vicioso, de trabalho, recebo, pago conta, depois trabalho, recebo, pago conta. Quando falo no efeito manado, é justamente para que você possa refletir, imagine um homem montado em um cavalo, e ele começa a correr atrás do gado, e os animais vão todos para uma mesma direção, apenas obedecendo, e seguindo o sistema. Acredito que quando você para e percebe como funciona o jogo agora você começa a ser o peão, agora você começa a mandar primeiro no seu próprio tempo, depois nas suas próprias decisões, depois você estará gerindo outras pessoas, depois o dinheiro vai trabalhar para você, mas o objetivo não que você pare de trabalhar, aliás, o trabalho dignifica o homem, todos querem produzir algo, todos querem ter um sentido na vida, o que vai começar fazer a diferença então é a quantidade de esforço que você vai fazer para ganhar o dinheiro, agora você estará na fase de ser cabeça pensante, podemos dizer assim. Imagino que agora começa a ficar claro na sua mente que quem tem tempo só para trabalhar não tem tempo para ficar rico.

Você já deve ter assistido a um filme do cinema mudo chamado tempos modernos, um trabalhador chamado Carlitos, faz todo dia o mesmo processo em uma indústria a ponto de sair repetindo os movimentos mesmo quando não estava no trabalho, se você ainda não assistiu aceite essa recomendação, mas já que você não vai parar nesse exato momento para assistir, vou dar outro exemplo que facilita sua compreensão, você já deve ter ido a uma empresa de fast food, daquelas que vendem sanduíche, não preciso aqui mencionar o nome, mias você já percebeu que um funcionário fica preso fazendo uma mesma coisa o dia inteiro e não tem tempo para pensar e acaba ficando na monotonia, todos os dias e acabam reclamando da vida, o processo acontece da seguinte maneira, um corta o pão, o outro coloca a carne e os recheios o outro empacota o outro faz a entrega e cobra o valor do sanduíche, é praticamente isso que acontece, com a maioria das pessoas que não dedica o pouco de tempo que tem para sair desse aprisionamento do ciclo vicioso, então a idéia aqui é que você comece a fazer gestão do seu tempo e otimizá-lo para que você possa ter bons resultados. Como este livro é escrito com base bíblica, temos um texto para entendermos com mais profundidade o que de fato acontece com o tempo cronológico, e no tempo não cronológico, o qual podemos aqui denominar de momento.

Em Eclesiastes capitulo três, diz que existe um tempo determinado para todas as coisas, não quero seguir a ordem, mas quero dizer que existe o tempo de nascer, de morrer, embora talvez você tenha a sensação de vida eterna, tenha certeza que todo seu tempo aqui é passageiro, somos como um gira sol, que hoje brota como uma das maiores e mais belas flores, mais dentro de alguns dias se vai, mas apesar disso cumpriu seu ciclo e deixou um legado, que são as várias sementes, que poderão fazer brotar novas e lindas flores como ela foi um dia, então apesar de saber que nossos dias nessa terra, podem ser traduzidos na palavra; efêmero, devemos deixar um legado, a importância do objetivo é fundamental, pois você pode se tornar como Salomão, no homem mais rico do seu tempo, podendo ter tudo que seus olhos desejaram, muito ouro, muita prata, muitos gados, muitos funcionários e chegar ao fim da vida e dizer: tudo que eu fiz foi vaidade, de que serviu de que adiantou? Esse foi o lamento de Salomão nos seus últimos dias de vida. Então tenha muito claro em sua mente, até quanto você quer ganhar e com qual finalidade, pois assim você chegará ao destino planejado com vigor mental e com a sensação de missão cumprida

Existe ainda o tempo de chorar e o tempo de se alegrar, dizem por aí que dinheiro não traz felicidade, tem aquele que diz, não traz, mas ajuda, e ainda um outro, que sendo mais engraçado ainda diz então me dê seu dinheiro já que não traz felicidade, o fato é que tanto alguém pobre, quanto alguém rico vai ter o tempo de está feliz e o tempo de está triste, não podemos confundir as coisas, o dinheiro nos dar conforto, mas a felicidade é construída no dia a dia pelo que somos e não pelo que temos. Tem tempo de plantar e o tempo de colher, talvez você ainda esteja na fase de colheita, afinal para colher tem que plantar, então se apresse é o tempo de lançar semente na terra, colocar a mão no arado e não olhar para trás, tenha certeza que quem planta colhe. Teremos também o tempo de amar e o tempo de odiar, acredito que isso é obvio, não quero aqui generalizar, mas a maior parte das pessoas ama, mas tem certo momento que também odeia, e isso é percebido em qualquer aspecto da vida, posso sugerir alguns exemplos, no começo do relacionamento as pessoas começam amando uma a outra de forma profunda, mas alguns relacionamentos terminam com um odiando o outro. Outro exemplo que posso mostrar de forma clara é o individuo que encontra o emprego dos sonhos e logo passa por transtornos que acaba parando na justiça de tanto ódio que passa a ter da empresa, e são vários e vários exemplos. Note que na maior parte das vezes esse sentimento vem da frustração de algo ou alguém não atender ou suprir suas expectativas, temos ainda o tempo de trabalhar e de descansar, enfim tempo para todas as coisas.

O tempo é tão importante que, caso você não o tenha pode gerar cobranças por parte das pessoas que te rodeiam, quem nunca ouviu uma mãe dizer filho você não para em casa, ou um filho dizer pai, mãe. Leva-me para passear e logo vem à resposta, filho não vai dar papai não tem tempo hoje e mamãe também está muito ocupada, quando eu comecei a gerir e administrar meu tempo, logo me vi mais produtivo, e faço questão de descrever o exemplo de um dos dias da minha semana. Levanto às seis horas da manhã, o que muitos podem considerar bastante cedo, e saio para caminhar por quarenta minutos, aproveito esse momento para passar na padaria e levar pães quentinhos, e volto pelo caminho, trocando sorrisos, e desejando bom dia a maior parte das pessoas que encontro pelo caminho, mesmo sem as conhecer, quando chego preciso limpar a casa, isso inclui garagem e algumas obras de arte da minha cadela, consigo dar conta disso até as sete e trinta da manhã, depois tiro alguns minutos para ler alguns capítulos da bíblia e em seguida, tomo banho preparo-me para sair e tomo café com minha família, então começa a minha jornada, presto serviço a três emissoras de rádio nesse período e retorno para casa às dezenove horas quando pego mais uma vez minha família e levo à igreja para juntos agradecermos a Deus pelo dia, fazendo isso sempre em dias alternados, nos dia que não vamos a igreja ficamos em casa, assistindo ou conversando algo, em fim é possível adequar o tempo de acordo com o que você achar necessário fazer no seu dia, e no fim de semana você poder tranquilamente ir para um hotel fazenda e descansar com sua esposa e filhos. Com isso posso afirmar que a gestão do tempo faz toda diferença. E agora como promessa é dívida e a bíblia diz que melhor é emprestar do que tomar emprestado então pago agora minha promessa e mostrando um exemplo de tabela que vai te ajudar a gerenciar seu tempo.

DIAS/HORA	SEGUNDA	TERÇA	QUARTA	QUINTA
6H	ACORDO CAMINHO	LEIO UM LIVRO	VOU PASSEAR COM O CACHORRO	......
19H	VOU À IGREJA	ASSISTO A UM FILME	PIZZARIA EM FAMÍLIA	....

CAPÍTULO 7

Extermine o medo, pois ele é o grande vilão: *temos a expressão não temas 366 vezes em toda a bíblia*

Quero começar esse capitulo dizendo que o medo é o grande vilão, imagine um filme de super herói onde a cada episódio aparece um malfeitor com poderes maiores, e com novas armas, e o herói da história precisa criar métodos para derrotá-los, agora imagine você na posição do salvador, sim do salvador de sua própria vida, de suas próprias ações, de suas próprias atitudes, sendo aquele que vai exterminar os vilões, e nesse caso ele é conhecido como nossos medos, algumas fobias são criadas para nossa proteção, outras para nossa destruição, ou ainda para nosso conformismo, posso melhorar esse ponto de vista dando alguns exemplos, tenha em mente alguém que tem medo de altura, ele jamais vai voar de asa delta, mais até aí é compreensível, você não quer arriscar sua vida e é o tipo de fobia que te protege, mas por outro lado, a zona de conforto o medo do novo, esse sim é o risco real de vida, que não vai te permitir alcançar seus objetivos, muita gente quer segurança e estabilidade, pensando na sonhada aposentadoria, querendo um trabalho em uma estatal, ou propriamente dizendo em cargos públicos, porque ali terão seus empregos vitalícios, e não estou dizendo que isso é ruim não, isso é muito bom, para quem quer ter um padrão de vida na média.

Mas, quem quer ser extraordinário, não vai passar a vida querendo trabalhar no concurso, apenas para garantir o sustento de sua família para o resto dos dias na terra, o extraordinário ele não tem medo de arriscar, ele é corajoso. Ele dá seu melhor sabendo que Deus estará sempre ao seu lado, assim como Davi grande rei que antes de alcançar o trono, enfrentou leões, ursos e até gigantes. Essa é a mais pura realidade daqueles que querem ter posição de rei, precisa enfrentar um leão por dia, exterminar um urso e por fim derrubar o gigante, com essa análise, já foi possível perceber que os problemas e medos a ser enfrentados serão sempre um maior que o outro. Mais podemos dizer que em todas as lutas somos mais que vencedores. Na história de Gideão percebemos outra história de alguns homens que mesmo fazendo parte do exercito, foi convidado educadamente a retroceder e voltar, de trinta e dois mil soldados no final da história menos de dez por cento continuaram para alcançar a vitória da batalha, ou seja, apenas trezentos, continuaram para seguir adiante. Acredito que agora começou a ficar claro na sua mente o motivo de termos mais pobres do que ricos nesses nossos dias de capitalismo, na prática a grande massa acaba sendo manipulada pelos ricos e os enriquecendo ainda mais. Então peça ao Senhor dos exércitos forças, para que você possa enfrentar os seus medos e sair dessa zona de conforto, empreenda e seja um sucesso. Dê o seu melhor, não deixe que ninguém diga que você não vai conseguir simplesmente por que eles tentaram e não conseguiram. Cada um tem uma história cada um tem uma meta então faça com que o desejo ardente do seu coração se transforme em ação e que estas ações promovam a mudança.

Certo homem com quem trabalhei, sempre sonhou com a aposentadoria, aos catorze anos começou a trabalhar e quando tinha oitenta e três anos já aposentado ainda precisava trabalhar, mesmo ganhando mil e oitocentos reais de aposentadoria em 2014, e você sabe por que ele até essa idade precisava estar na ativa, primeiro porque teve a oportunidade de fazer o dinheiro trabalhar para ele e não o fez, depois porque lhe faltou coragem de sair da zona de conforto, e quando chegamos à idade da aposentadoria e temos que pagar plano de saúde e todas as demais coisas, não sobra dinheiro para gozarmos a tão sonhada aposentadoria, então vamos lá é hora de perder o medo, repita comigo: **eu quero, eu posso, eu consigo!**

Deus fez questão de trazer na bíblia a expressão não temas trezentos e sessenta e seis vezes, isso significa que temos um "não temas" para cada dia do ano e ainda um a mais para os anos bi sextos, então se esforce e tenha bom animo não temas Deus é contigo não desanime. Não quero ser leviano e dizer para você largar seu emprego sua famosa CLT para ser empreendedor, mas quero dizer que você pode começar aproveitando os horários livres para começar a empreender, a soma é simples como um mais um são dois. Só ganha dinheiro, quem vende alguma coisa, seja um serviço um produto novo ou até mesmo um produto existente. Faça acontecer.

Na primeira fase você vai ralar muito até alcançar sua primeira meta, depois você vai comparar sua renda e horas de serviços dedicando aonde você ganha sendo empregado e compara com sua renda extra, quando seu empreendimento estiver rendendo mais, aí sim é o momento de aplicar SWOT, analisar os pontos fracos e fortes e tomar uma decisão. Não desanime no primeiro momento e aprenda com todos os erros, é possível que aconteçam casos que você poça ter o *pay back*, ou seja, retorno de dinheiro e tempo investido muito rápido, mas tem casos que são mais demorados. O importante nessa fase é não retroceder, como fala a bíblia aquele que coloca a mão no arado não pode olhar para trás, existe uma marca de refrigerante e você deve conhecer também, afinal ela é a mais famosa do planeta, e está em filmes, jogos de futebol e outros esportes, revistas dentre outros, hoje deve vender centenas de milhares de litros dos seus refrigerantes diariamente, no entanto, em seu primeiro ano de atuação, conseguiu vender apenas dez unidades, imagine se esse empreendedor não tivesse coragem e fosse um covarde, ele com certeza desistiria imediatamente. Mas ele não teve medo e logo conseguiu se posicionar no mercado como uma das marcas mais valiosas do mundo. Enfim, quero repetir, não temas, porque Deus te toma pela mão direita e te faz triunfar, aonde colocares a planta dos seus pés o senhor te dará por herança, em tudo que puseres a mão para fazer te abençoará o Senhor e ele te dará abundância, por isso esteja firme, tire a palavra medo do seu vocabulário, e seja corajoso, só os corajosos conseguem o que almejam, os medrosos apenas olham e pensam ser impossível, mais quem toma atitudes de corajosos recebe muito além do que pensa ou pede a Deus pela confiança no seu imenso poder!

"O Senhor te abrirá o seu bom tesouro, no céu, para dar chuva à tua terra no seu tempo, e para abençoar toda a obra das tuas mãos; e emprestarás a muitas nações, porém tu não tomarás emprestado".
Deuteronômio 28:12

CAPÍTULO 8

Não tente Sozinho, você precisa de ajuda!! *Escolhei, pois, irmãos, dentre vós, sete homens de boa reputação, cheios do Espírito Santo e de sabedoria, aos quais constituamos sobre este importante negócio. Atos 6:4*

A maioria dos empreendedores começa com pequenos negócios, alguns empreendem enquanto ainda estão trabalhando e outros são praticamente forçados a empreender quando perdem o emprego, apesar de termos a comprovação estatística que a maior parte das empresas quebra após dois anos de existência, poucos notaram que alguns empreendimentos vão à falência, justamente na hora que parecia está vivendo a sua melhor fase, justo quando o estoque estava mais cheio, os fornecedores aumentaram o crédito e ainda quando toda a sociedade fazia elogios e via o novo empreendedor como alguém de sucesso, indo a TV como destaque no seu ramo, dando entrevistas em rádios, e o melhor de tudo, tendo um grande volume de vendas, etapa crucial do negocio, o grande volume de vendas, nessa fase se o empreendedor não acertar o ponto de equilíbrio, ele está prestes a quebrar, pois se o empresário não tiver pés no chão, agir com a emoção e não com a razão, não analisar os números da forma correta e não tiver dinheiro suficiente para fluxo de caixa, ele vai acabar caindo, justamente por que não soube crescer, e cresceu de forma desordenada, vamos imaginar o filme querida estiquei o bebê, onde uma invenção acaba tornando um bebê gigante, analise comigo, esta criança não estava pronta para crescer, e acaba sendo um gigante sem equilíbrio sem sustento nas pernas e acaba caindo e quando cai, destrói tudo ao seu redor pelo peso que tinha, então devemos notar no crescimento do nosso negocio o ponto de equilíbrio, pois apesar de termos conseguido aumento de vendas e aumento de produtos disponibilizados pelo fornecedor, nem sempre o prazo entre a compra no fornecedor e a venda para o cliente final e o tempo para pagar ao fornecedor estão sincronizados e ai está a grande bola de neve, o valor arrecadado nesse mês foi menor que o valor a ser pago e essa matemática é simples e primaria, basta entender que no mês atual você vai ter que pagar por um estoque com o dinheiro arrecadado no mês anterior, que por sua vez foi arrecadado de um volume menor de vendas, logo a conta nunca vai fechar. É nessa hora que o empreendedor deve ter em mente que precisa de bons profissionais ao seu lado, tais como: um bom contador, um bom financeiro e uma boa equipe, para que o dono do negocio possa analisar tudo estando fora do processo, pois quem está de fora sempre ver mais.

Quando o empresário quer crescer sem ajuda, ele acaba fracassando, pois é ele quem cruza o escanteio e corre para cabecear, ou seja, para os amantes do futebol, sabem que a chance de sair um gol deste tipo de jogada é praticamente zero. Conheci alguns empresários que por querer economizar, mesmo tendo três filiais da sua empresa, ele fazia a contabilidade, a folha de pagamento de funcionários, a compra e precificação dos produtos e se duvidasse ele além de ir ao balcão vender ainda queria limpar o chão, acredito sim que qualquer dono de negocio possa querer fazer isso, uma vez ou outra para servir de exemplos, mas não para ser sua rotina, perceba, que toda vez que eu chegava para prestar os serviços de marketing para esse empresário, ele estava atolado em trabalhos, e sem liberdade, preso como um funcionário CLT resolvendo a burocracia, o processo, coisa que definitivamente não aconselho que façam, quando a empresa tiver condições de contratar e pagar bons funcionários, o empreendedor nasceu para ser livre, obvio que isso não acontece nos primeiros meses de negocio na maior parte das vezes, mas quando for o momento, agora que você está com a mente mais aberta não evite contratar.

Na bíblia posso mencionar ao menos dois casos, para ilustrar tudo que contei até agora nesse capítulo, quero começar com Moisés, o escritor do Pentateuco, os cinco primeiros livros da bíblia, em um belo dia nosso grande líder recebe uma visita ilustre, chegavam a sua tenda, seu sogro Jetro e sua esposa, logo um pergunta ao outro como estavam e começa uma conversa que leva parte da noite e Moisés contando como escaparam de Faraó, da adrenalina de ter escapado e ter visto o mar se abrir, tudo no maior entusiasmo, quando finalmente acabam dormindo. No dia seguinte Moisés acorda cedo, e sai logo para seu mais novo trabalho, que era ouvir as queixas do povo e mostrar os estatutos de Deus para o povo, no entanto enquanto ele estava sentado, havia uma fila quilométrica de pessoas esperando para serem atendidas pelo líder, logo chega seu sogro bocejando, como quem diz acordou cedo em meu genro, e logo surgiram as perguntas, que é isso? Pra que essa fila tão grande? Porque todos estão de pé enquanto você está sentado? E Moisés explica para o sogro, então sua resposta veio imediatamente, como uma luz do divino, meu filho, da forma que você está fazendo você vai desfalecer, bem como todo esse povo, então logo surge o pensamento procure dentre o povo pessoas quem preencham alguns requisitos e coloquem como maiorais de mil pessoas, outros como maiorais de cem, outros como maiorais de cinquenta e outros como maiorais de dez.

Já conseguiu entender o que estava acontecendo aqui? Moisés entende a mensagem e assim faz, deixando para ele julgar ou agir só em casos extremos, pois agora teria uma liderança para cada quantidade de pessoa, e liderança de lideranças, assim ele praticamente montou uma organização, posso dar um exemplo clássico do meu primeiro emprego no telemarketing, onde tínhamos doze pessoas comandadas por um supervisor, e mais dez ilhas como eram chamadas, com supervisores recebendo orientações de um coordenador, como existiam três setores diferentes, logo, tínhamos três coordenadores, recebendo orientações de um gerente, que por fim levava apenas as informações necessárias aos diretores ou presidente da empresa.

Outro caso bíblico de crescimento acontece no livro de atos no novo testamento, quando a palavra de Deus começa a crescer, logo surgiu à necessidade, de pregar mais, de falar mais sobre Jesus para os que ainda não o conhecia. Como os discípulos precisavam de mais tempo para apregoar as boas novas para um maior número de pessoas, lhes faltava tempo para cuidar das viúvas e dos órfãos, que também até então fazia parte de suas obrigações, então começaram a chegar reclamações e que comumente ocorre quando um serviço não está sendo prestado com eficiência, percebendo, que eles não conseguiam mais atender aquela demanda, tiveram a brilhante ideia de convocar reforço, e da mesma forma que aconteceu com Moisés, havia pré-requisitos para colocar novos atendentes para o posto, e logo sete homens de boa reputação foram escolhidos para se dedicarem exclusivamente aos serviços, no apoio aos órfãos e as viúvas, enquanto que os apóstolos passariam a dedicar-se apenas a palavra. Enfim, o fato é que você precisa sair do processo para enxergar e diagnosticar o crescimento e de que forma você deve agir, precisamos criar processos e não ser parte deles.

CAPÍTULO 9

Nunca dependa de uma única renda. *Pela manhã semeia a tua semente, e à tarde não retenhas a tua mão; pois tu não sabes qual das duas prosperará, se esta, se aquela, ou se ambas serão, igualmente boas Eclesiastes 11:6.*

Aqui neste capitulo devemos analisar como deve ser feito o investimento, pois não é bom depositar todos os nossos esforços em um único lugar, pois um projeto pode dar certo e outro não, ou até mesmo os dois podem dar certo, mais na duvida, é bom seguir o ditado, **mais vale um pombo na mão do que dois voando**. Fiz questão de viver experiências diferentes antes de concluir cada capitulo desse livro, justamente para poder transcrever informações que pudessem ajudar os empreendedores de várias maneiras, para que os erros possam ser minimizados, naquela velha máxima de aprender com os erros dos outros, até por que a vida é muito curta para cometermos todos os erros, então vamos tratar de acertar mais, na semana que desenvolvi este capitulo, participei de várias palestras, estive com o Guru da finanças, no Brasil, participei de palestra com três dos grandes empresários do nosso país, os conhecidos investidores anjos, que no momento em que escrevo eles estão se preparando para a terceira temporada de um programa da TV fechada que ajuda empresários a expandir seus negócios, e por fim participei de uma palestra com um super palestrante que além de tudo ainda é *coach* e deu um show de experiências que transformou a visão de muita gente, e por fim assistir um documentário no canal de filmes e series mais famoso da atualidade mostrando o maior *coach* do mundo, dando um treinamento de seis dias para mais de duas mil pessoas, ele que já teve como *coach* e até presidentes e pessoas da mais alta sociedade.

Depois de todos esses eventos acabei começando um curso de *coach*, para que hoje pudesse contribuir da melhor forma possível com o seu crescimento. Então vamos ao nosso ponto central, que é não depositar todas as fichas de uma vez e em um mesmo local, pois esse conselho é dado pelas mentes mais brilhantes e até mesmo pelo seu gerente do banco. Pois quando se trata de fazer investimentos estamos falando de nossa sobrevivência, pois muitos acabam depositando toda suas esperanças em um único negocio e no fim acaba ficando sem nada, com isso, a primeira dica é ter sempre pés no chão, um ser de negócios não age pela emoção e sim pela razão, nós somos seres racionais. E nesse momento temos que nos separar completamente das atitudes emocionais, antes de tudo, faça a você mesmo as perguntas poderosas, do tipo: é realmente esse o meu desejo? O que vai mudar na minha vida se eu obtiver isso? Esse negócio vai afetar alguém próximo a mim? E como posso fazer para me manter focado e motivado? Essas dentre outras perguntas devem ser feitas a você mesmo. No primeiro caso quero focar em um empreendedor que tem seu emprego, e paralelamente começa um negocio para complementar renda, nesse caso, o novo empreendedor só deve deixar seu CLT para dedicar cem por cento ao empreendimento quando a receita liquida pelo menos dobrar o seu salário.

Em outro caso, alguém que perdeu o emprego e decide empreender, nunca invista todo dinheiro que recebeu no seu negócio, comece um pouco menor com mais cautela, mais sempre deixe suas reservas, pois quem investe todo dinheiro na empresa, começa a misturar o dinheiro da família e o dinheiro da empresa, e com isso estará fadado ao fracasso. No terceiro caso existe uma discussão muito grande e é possível que nesse momento você discorde ou até mesmo concorde comigo, mais a ideia nesse momento e chamar você a reflexão, antes de uma tomada de decisão importante analise essa história. Vou mencionar um exemplo, um chefe de cozinha que desempenha muito bem o seu oficio, aprendeu a fazer os melhores pratos e como ele não existe igual, ao perceber todos esses talentos ele deve montar um restaurante para ele, ou deve montar uma empresa de formação de chefes de cozinha? Ou deve manter-se como funcionário ganhando um bom salário? A resposta é sua, mais o cuidado que eu peço aqui é que ao menos que você tenha noção do que é abrir uma empresa ou ao menos que você tenha noção do que é gestão, não abandone de imediato seu emprego para empreender apenas por que você é um bom chefe.

Esse conselho eu dou para todas as áreas que se possa imaginar, pois existe a confusão de que você por ser um bom chefe deve ter um restaurante, enquanto eu diria se és um bom chefe monte uma escola e ensine, talvez seja mais produtivo. Pois no restaurante no final ou você se dedicaria a gestão do negócio ou ficaria preso na cozinha, reflita comigo e tome sua decisão com a razão e pesquisa de campo antes de qualquer coisa.

Existem pessoas que dizem que se você não focar em único ramo você não consegue ter sucesso como empreendedor, já eu digo que se você sente que pode dominar outros negócios paralelamente assim faça, posso dar exemplos do dono da terceira maior emissora de TV do Brasil, que além deste empreendimento, consegue ainda ter empresa de cosméticos, um carnê de apostas, e até um banco ele já possuiu, eu enquanto escrevo presto serviços para três empresas de comunicação, e ainda tenho tempo para gerir uma loja de artigos infantis. Acredito que o trabalho é árduo, mais na maioria das coisas aqui não preciso está presente o tempo todo, preciso apenas ser a cabeça pensante. Comecei a me dedicar a muitos negócios diferentes, depois que acabei perdendo dois ao mesmo tempo com o inicio da crise no Brasil, perdi o primeiro, depois de cinco meses perdi o segundo e acabei ficando completamente sem chão, pois não temos segurança em nada e nem em lugar algum, na dúvida, comecei a investir em áreas diferentes, e isso vem dando muito certo, pois se uma não caminha bem outra caminha e equilibra. às vezes todas vão bem e assim vou conseguindo manter minhas necessidades e prosperando cada dia mais.

Então essa é a minha dica, se puder investir em áreas diferentes invista, nunca dependa de uma única renda, mesmo que não seja negócios diferentes, mas ao menos que seja em pontos diferentes, faça uma rede de lojas e ajude ao máximo de pessoas possível, é uma regra natural como diz na continuação da palavra de Deus em eclesiastes reparte com sete, e ainda até com oito; porque não sabes que mal haverá sobre a terra.

CAPÍTULO 10

Pagando os impostos e mantendo as contas em dia, *Dai, pois, a César o que é de César, e a Deus o que é de Deus. (Lucas 20:25)*

Quando nós conseguimos pagar nossos fornecedores e os impostos e tributos que de nossas empresas são cobrados, há um bom sinal nisso. E qual é ele. É que nós estamos conseguindo girar nossos produtos e serviços a ponto de manter as contas em dias e teremos a tranquilidade para dormir com a consciência tranquila de que não devemos nada a ninguém. Os orientais têm um ditado que é muito interessante mais, que talvez não te dê muita alegria, eles falam o seguinte, donos pobres empresas ricas, no sentido de que a empresa precisa está sempre com o melhor computador, melhor sistema, equipe de primeira, e o dono só vai vestir uma roupa de grife, carro do ano e apartamento grande, quando realmente a empresa estiver completamente estruturada. Infelizmente nós temos uma carga tributária altíssima no nosso país, tanto para pessoa física quanto jurídica, e já que ainda não tivemos a possibilidade de mudar isso devemos pagar sem tentativas de burlar o sistema. Existe um versículo bíblico que fala daí a César o que é de César e a Deus o que é de Deus, imaginem que Jesus chegou a pedir que um dos seus discípulos fizesse uma pesca apenas para pegar uma moeda no peixe e pagar o imposto que lhes eram cobrados, já Paulo em sua carta aos Romanos escreveu a seguinte mensagem:

Dai a cada um o que lhe é devido: a quem tributo, tributo; a quem imposto, imposto; a quem temor, temor; a quem honra, honra.
A ninguém devais coisa alguma, senão o amor recíproco; pois quem ama ao próximo tem cumprido a lei. **Romanos 13:7,8**

Existem algumas práticas de sonegação de impostos que vi muito no mercado, mais uma coisa é certa, quem não age de maneira correta, a qualquer momento pode se complicar, então a coisa mais certa é sempre ter um contador de confiança e pagar os impostos e tributos. Sei o quanto é difícil perceber que boa parte da nossa renda vai para os cerca de oitenta tributos cobrados nos país em que vivemos. Mais pense comigo se você paga IPVA é por que você teve condições de comprar um carro, se paga IPTU é por que conseguiu comprar uma casa, se paga imposto de renda é por que o salário atinge um nível alto, assim como outros exemplos que poderia mencionar. Não estou aqui defendendo nem muito menos acusando o governo só estou mostrando uma realidade que deve ser encarada com outros olhos, pois se focarmos apenas nisso estaremos desperdiçando energias desnecessárias. Então se baterem em sua porta oferecendo um jeitinho para driblar o governo e não pagar os impostos devidos, simplesmente recuse. Posso agora contar uma passagem bíblica que aconteceu com o próprio Jesus, e a história começa com uma pergunta:

Mestre, sabemos que falas e ensinas retamente, e que não consideras a aparência da pessoa, mas ensinas segundo a verdade o caminho de Deus; é-nos lícito dar tributo a César, ou não? Mas Jesus, percebendo a astúcia deles, disse-lhes: Mostrai-me um denário. De quem é a imagem e a inscrição que ele tem? Responderam: De César. Disse-lhes então: Dai, pois, a César o que é de César, e a Deus o que é de Deus. **Lucas 20:21**

E quando se fala no daí a Deus o que é de Deus além da adoração os nossos dízimos e ofertas devem ser considerados, mas nesse caso, diferente dos tributos que devem ser pagos ao governo, na questão dizimo não é um pagamento é apenas a devolução em forma de gratidão da força que Deus nos deu, da sabedoria para desenvolver com maestria o que fazemos, da família que temos, do ar que respiramos e todas as demais coisas, contudo não é uma obrigação é apenas um ato de gratidão e semelhantemente aos tributos não devemos burlar, assim como fizeram Ananias e Safira, personagens bíblicos relatados no livro de Atos, que tinham uma herdade e venderam, em seguida foram levar uma parte para os apóstolos, no entanto tentaram enganar a Deus, e a resposta de Pedro para eles foi a seguinte:

Guardando-a não ficava para ti? E, vendida, não estava em teu poder? Por que formaste este desígnio em teu coração? Não mentiste aos homens, mas a Deus. **Atos 5:4**

O resultado dessa história é que os dois acabaram morrendo no sentido literal da palavra por que tentaram enganar a Deus. Enfim, é um dever ajudar no maior empreendimento do mundo que é a pregação do evangelho e sermos sócios e co-herdeiro nesse grande negócio que é do maior Arquiteto e Executivo e conhecido como criador do mundo.

CAPÍTULO 11

Aprenda: Quem tem know-how vive com abundância. *E o Senhor acrescentou, em dobro, a tudo quanto Jó antes possuía. Jó 42:10*

Quando lemos a história de Jó em seus quarenta e dois capítulos, nós iniciamos conhecendo um homem rico e próspero e o segredo de tudo, **temente a Deus**. Logo no início da leitura temos acesso ao balanço patrimonial dele. Aqui nós temos de forma detalhada os bens materiais que possuía o homem mais rico do oriente de seu tempo, ele tinha dez filhos, sendo sete homens e três mulheres, sete mil ovelhas, três mil camelos, mil bois e, além disso, muitos funcionários a sua disposição.

No entanto em certo dia, tudo que parecia o melhor dos cenários para qualquer pessoa, acabou em desastre. Transformou-se em ruínas, imagine receber simultaneamente as seguintes noticias: seus servos foram mortos pelos inimigos seus camelos foram roubados, um raio matou suas ovelhas, veio um vento forte e matou seus dez filhos de uma única vez e todas as suas casas foram destruídas de forma que só sobrou os cacos da telha como símbolo daquilo que era seu gigantesco patrimônio. Como se tudo isso não fosse suficiente este homem dentro de alguns dias ficou doente com seu corpo cheio de feridas. Acredito que em algum momento deste breve resumo você se colocou no lugar de Jó e deve ter imaginado quão tenebroso momento passou esse homem, e como fala a lei de Murphy, **"nada é tão ruim que não possa piorar"**. Chega àquele homem sua esposa o mandando abandonar o que ele tinha como maior riqueza, que era o seu Deus, e seus amigos na seqüência chega para acusá-lo. E essa situação se estende por um determinado período, mas aqui tiramos uma lição dessa história, e qual é ela? Nunca desistir mesmo que soframos, mesmo que seja doloroso, temos que persistir, pois enquanto existir fé sempre existirá esperança, e quero colocar aqui um exemplo de forma mais superficial, mas tenho certeza que sua situação possa fazer com que essas palavras se aprofundem ainda mais. Imagine o cenário em que uma pessoa que possua muitos bens e por alguma situação específica, acabe perdendo tudo. Em um momento como esse é extremamente normal que pessoas comuns desistam de tudo e talvez até entre em depressão, mais aqui eu quero falar para pessoas extraordinárias como você, que não desiste nunca e que literalmente levanta sacode a poeira e dar a volta por cima, e foi assim que aconteceu com Jó. Que tal fazermos uma contabilidade simples. Se tendo os bens mencionados no inicio deste capitulo ele já era o maior de todo oriente, agora me acompanhe, no capítulo quarenta e dois quando a história está perto de chegar ao fim, Jó tem uma grande experiência com Deus, pois se antes ele conhecia ao Senhor de apenas ouvir falar, agora ao fim do livro que conta a sua história, ele diz que seus olhos puderam ver ao Deus de toda provisão.

Ainda para quem não entendeu o propósito, todas as situações adversas que passamos, nos trás experiência e aprendizados, e aqui nesta etapa Jó recebe a visita de seus irmãos e amigos que se compadeceram de tudo que ele tinha vivido, e cada um levou uma peça de dinheiro e um pendente de ouro. Com isso o servo de Deus, conseguiu multiplicar e pelo menos dobrar todos os bens que ele tinha. Pois quem sabe como fazer ainda que em algum momento perca tudo, saberá o caminho a ser traçado para recompor seus bens e voltar a ao estágio anterior ou ainda dobrar seus bens.

Além de ter tido novamente mais dez filhos, o livro encerra com o homem temente e que se desviava do mal, tendo catorze mil ovelhas, seis mil camelos, e dois mil bois e duas mil jumentas. Com isso aprendemos que não podemos ter crenças limitantes, as pessoas que são tementes a Deus, podem e devem ser ricas, podem e devem ter vida e a tê-la em abundância. Então se dedique a Deus e dê o seu melhor e receba também o melhor do altíssimo!

CAPÍTULO 12

Administrar o pouco é a primeira fase. *"Disse-lhe o seu senhor: Bem está, bom e fiel servo. Sobre o pouco foste fiel, sobre muito te colocarei; entra no gozo do teu senhor. Mateus 25:23"*

Nessa etapa do livro, quero falar sobre a valorização e multiplicação do pouco da mesma maneira que o muito é valorizado e multiplicado, essa dica é básica e simples, mas por ter estas características são banalizadas e deixadas de lado, na parábola que vou mencionar no decorrer deste capitulo existe uma frase que diz: foste fiel no pouco no muito te colocarei. No entanto antes de falar sobre a multiplicação e valorização do pouco, preciso lhe informar que para granjear valores com os talentos que você tem, é necessário que você pense em servir, é preciso que você crie algo que possa ajudar alguém em alguma coisa, pois se você monta algo que só você gosta, achando que as pessoas vão te ajudar por que você é um bom amigo um bom parente, é melhor você começar a repensar agora, porque a maioria das pessoas quer ser ajudadas, sendo assim, o empreendedor que acha que só porquê tem muitos amigos vai conseguir manter seus negócios, acredito que isso seja uma lenda, falo por experiência, muita gente que você conhece pode até comparecer ao seu PV (ponto de venda) na inauguração, mais depois elas voltam a sua rotina normal, a não ser que de fato seu produto serviço, atenda às necessidades daquelas pessoas, vamos imaginar uma pessoa que gosta muito de disco de vinil e pensa, nossa os discos são extraordinários, vou vender discos, devem aparecer colecionadores assim como eu e vai na empolgação e na emoção, mas se a maioria das pessoas não tem toca disco dificilmente ele vai alcançar o êxito esperado, então antes de qualquer coisa a missão da empresa e a visão tem que está bem definida, caso contrário podemos dizer que aconteceu **um aborto empresarial, ou seja, ela morreu ainda antes de nascer,** essa expressão foi usada justamente para te dar um choque para que você possa entender que alguns fatores podem comprometer seu empreendimento. Voltando agora a nosso ponto central, vamos ao texto de Mateus vinte e cinco que conta a história de um senhor que viajou e chamou três servos, e a cada um deu uma quantidade de talentos, que era o tipo de moeda naquela região, a um deu cinco talentos, a outro deu dois e ao terceiro deu um talento. Depois de certo tempo aquele senhor retorna de sua viagem, e aquele que recebeu cinco, conseguiu dobrar o valor e deu ali nas mãos do seu senhor dez talentos, e obviamente este servo foi elogiado e ganhou sua recompensa, em seguida chega o que recebeu dois talentos e logo apresenta quatro, e também foi elogiado e ganhou sua recompensa, logo veio o que recebeu apenas um talento e volta suando, pois ficou sabendo que o senhor tinha voltado e ele correu para escavar a terra e pegar aquele talento que ele tinha enterrado profundamente com medo e acabando de limpar aquela moeda a devolveu para aquele que havia lhe confiado um talento. Você já deve imaginar que esse não recebeu nenhuma recompensa e pior que isso além de não receber recompensa, o que ele tinha lhe foi tirado.

Essa história me faz pensar em um erro que não podemos cometer. O erro de não valorizar o pouco, pois quem não valoriza o pouco dificilmente alcançará o muito, não estou dizendo aqui que você deve se contentar com o pouco, mas sim que você deve valorizar o pouco da mesma forma como valoriza o muito, pois o que ainda me chama atenção nessa passagem é que cada um recebe conforme a sua capacidade, e justamente se sua capacidade hoje é ter uma moeda invista uma moeda se duas, invista duas e se for de cinco, ótimo invista cinco, do contrário até o que você tem lhe será tirado. Como será tirado na prática? De várias formas, pense comigo se você tem apenas um real para comprar pão você compra come e agora acabou, mas se você pega esse pão melhora e vende você além de comer pode ainda ter um lucro em cima disso, imagine que um pão custa trinta centavos, no entanto se você coloca uma margarina você já agrega valor e pode vender a oitenta centavos. Então mesmo que seu dinheiro seja pouco, existirá sempre uma forma de dobrar uma e outra vez, até o momento que você terá um bom montante.

Falando agora para quem já tem uma empresa ou mesmo você que ainda não tem, fique atento aos detalhes, pois muitas vezes o produto que custa pouco e aparentemente te dar pouco lucro, tem uma rotatividade tão grande e você está preocupado em vender o mais caro por que aparentemente lhe daria um lucro mais elevado, no entanto o mais barato tendo mais rotatividade, logo será o mais rentável. Para ficar bem claro, como falei de pão, imagine que em uma padaria além dos pães tenham também tortas que custam cento e cinquenta reais, agora imagine se o dono fosse focar apenas nas tortas e deixasse o pão de lado ou não o valorizasse por que as pessoas compram apenas dois reais de pães, parece algo simples, mais muita gente não valoriza o pouco. Talvez você já tenha passado pela situação de um vendedor deixar de atender você primeiro porque a outra pessoa aparentemente tem mais recurso que você, ou em um posto de combustível ao chegar um carro de luxo depois de você e ser atendido primeiro ou em diversas outras situações que você deve ter passado ou escutado relatos, antes que alguém pense isso é complexo de inferioridade, certamente ratificarei dizendo que existem muitos empreendedores e vendedores que não valorizam o pouco. Enfim, não valorizar o pouco pode custar caro para muitas empresas.

No momento que escrevo esse livro trabalho em três emissoras de Rádio sendo uma da maior rede de comunicação do estado da Bahia, outra a maior rádio de notícias de Salvador e a terceira "a pequena" uma rádio comunitária, e as pessoas me perguntam você ainda está nesta rádio e eu simplesmente digo sim, afinal apesar de ser pequena me dá um lucro que é bem próximo do que as grandes me dão, e no final me faz construir rede de relacionamentos o que é um grande ativo. Quando menciono o meu exemplo é para que você possa perceber que não falo aqui coisas que não pratico, ou que apenas imagino ser boas, mas falo aqui coisas que vivencio no meu cotidiano, valorizo tudo de igual forma, tudo tem o seu valor. Você em breve vai começar a ter clientes ou até produtos que lhe darão retorno de mil reais, mas nunca deixe de valorizar de igual forma o que vai te dar apenas um real de retorno.

Tudo começa do zero, ninguém chega ao último degrau da escada sem antes pisar no primeiro, então precisamos colocar um pé de cada vez, até que consigamos atingir o objetivo.

CAPÍTULO 13

Haverá dias de Fartura, mas também de escassez: assim ajuntou José muitíssimo trigo, como a areia do mar, até que cessou de contar; porquanto não havia numeração. Gênesis 41:49

Para quem vive em países emergentes e capitalistas como é o caso do Brasil, já deve ter percebido que as crises são cíclicas, ou seja, aqui vivemos momento de crescimento e de abundância, o crédito fica fácil atingimos a marca de poucos desempregados e assim se forma o mais belo dos cenários econômicos. Mais por uma ou outra razão acabamos não conseguindo manter a estabilidade e caímos em um profundo poço, onde as preocupações começam a chegar. Na mente da pessoa que outrora vivia muito bem, agora tem que fazer de tudo para conseguir ao menos se manter. Mas como apenas uma pequena parcela da sociedade pensou nesse assunto de forma mais abrangente, ou seja, olhando em sua totalidade, aproveitam ao máximo o tempo das vacas gordas para esbanjar e gastar com muitas coisas fúteis como se realmente não houvesse o amanhã.

Sobre o que é ou não fútil eu não posso apontar, afinal cada um sabe o que é realmente importante para si próprio, tanto é que nos momentos de crise sabem exatamente o que pode ser cortado. Sigamos então com nosso pensamento. Se agora sabemos que após momentos de grande fartura vêm momentos de grande escassez, o que devemos fazer então? Excelente resposta: temos que poupar, mas por que será que muitos não faziam antes de ler esse livro. Simplesmente por querer aproveitar os anos de fartura como se não houvesse amanhã. Mas a bíblia é rica, nos mais diversos assuntos, e a história de José do Egito, é a mais indicada para fazermos essa abordagem, pois depois dos muitos sonhos e interpretações de sonhos, agora o grande administrador José está como governador do Egito, tudo isso por que ele revelou o sonho de faraó e mostrou o que deveria ser feito.

As sete vacas formosas são sete anos, as sete espigas formosas também são sete anos, o sonho é um só. E as sete vacas feias à vista e magras, que subiam depois delas, são sete anos, e as sete espigas miúdas e queimadas do vento oriental, serão sete anos de fome **Gênesis 41:26**

O sonho de faraó interpretado e administrado por José foi tão bem-sucedido que esta ação conseguiu favorecer, tanto os egípcios quantos aos povos dos países vizinhos que vinham para comprar com eles, imagine agora que um único país tem determinado produto, você deve conhecer ou até mesmo ter ouvido falar sobre a lei da oferta e da procura. Imagine agora, que naquele período o Egito era o único país a ter trigo, será que é possível ter uma noção do valor que eles colocaram nessas mercadorias? Aqui então já fica muito claro o que deve ser feito nos dias de vacas gordas e nos dias de espigas bonitas e vistosas. Siga o exemplo de José como governador do Egito, junte o máximo que você puder para que no momento de aflição e escassez você possa ter o celeiro cheio. Sei que não é fácil poupar, mais garanto que é possível. Não queira participar do efeito manada, faça seu próprio caminho.

Você deve conhecer pessoas que recebem promoções de seus cargos, outras que tem o salário ajustado, e ainda as que conseguem um segundo emprego, e mesmo assim as dívidas acompanham a ponto de não conseguir ter dez ou vinte por cento para poupar. A dica aqui é: **viver um degrau abaixo**. Assim você sempre estará numa posição confortável. Eu por exemplo por agir de forma impensada, passei de um carro simples para um que valia três vezes o valor do anterior, mesmo sendo uma compra feita a vista, não levei em consideração, aumento de combustível de um veículo que fazia dezessete km por litro para um que faz nove km por litro, o dobro do valor de seguro, manutenção e IPVA, nesta fase eu elevava meu padrão de acordo com meus ganhos. No entanto, hoje entendo que com essa estratégia retirada da bíblia eu preciso fazer meus bens crescerem de forma ordenada e sem acompanhar o salário e sim vivendo sempre um degrau abaixo para ter uma melhor qualidade de vida.

CAPÍTULO 14

O PAPEL DE UM LÍDER: Tornem-se meus imitadores, como eu o sou de Cristo.
1 Coríntios 11:1

Quando a palavra liderança é lançada, quais são as primeiras coisas que vem em sua mente? Seria um posto de chefia, um chefe de estado, uma autoridade eclesiástica, um pai de família, um instrutor pedagógico? O que de fato vem a sua mente quando mencionamos a palavra liderança, essa com certeza é uma resposta pessoal.

Mas o fato é, que independente dos títulos informados acima, todos eles podem ocupar cargos e posições de liderança, mas nem sempre conseguem agir como um líder de fato. O que preciso abordar de imediato é que um líder de verdade é aquele que consegue motivar uma equipe em busca de um objetivo comum, no entanto o que vai determinar se ele realmente vai conseguir mobilizar as pessoas na direção que se pretende ir, está de acordo com o modelo de liderança que escolheu exercer, entre elas estão duas consideradas principais, de um lado a autocrática o famoso modelo aqui quem manda sou eu e ponto final, por outro lado temos a liderança democrática, aqui as decisões são participativas, todos podem dar suas opiniões. E aqui a que eu sugiro: que é o balanceamento das duas. Apesar de termos modelos definidos por pesquisadores comportamentais, o que precisa ser dito que independente do modelo, o que mais vai fazer sua equipe se mobilizar é fazer as pessoas participantes de uma missão de um propósito maior, e o líder precisa entender que o posto dele não é apenas dar ordens e sim mostrar uma direção, se ele contar uma boa história e criar um inimigo em comum, com certeza ele vai alcançar grandes resultados. Por outro lado, se quiser exercer o modelo autocrático na versão nível cinco, ele perderá a equipe no caminho, para esse exemplo costumo utilizar um treinador de futebol, ele vem fazendo um bom trabalho, conquistando campeonatos, fazendo boas partidas, até que um dia ele decide exercer autoridade extrema, então a equipe começa a fazer boicotes, perder partidas, campeonatos e quando a situação fica insustentável, advinha qual a decisão que o presidente toma? Será que seria mais cômodo e menos custoso demitir o treinador, ou demitir toda equipe, e é justamente nessa hora que os comentários da torcida ficam unanime e os torcedores dizem: o treinador perdeu a equipe, ele perdeu o comando da equipe. Então o mais indicado a se fazer para que você mantenha sua equipe no propósito, o primeiro passo é realmente ter um grande propósito, e depois ter o equilíbrio necessário para saber como conduzir a equipe afinal um líder geralmente é eleito. Se seus comandados não te enxergarem como líder, sinto lhe informar, seus resultados serão prejudicados, por outro lado se você identificar sabotadores, pessoas desmotivadas, e que tem uma influência negativa, corte o mais rápido possível, antes que contamine todo ambiente, veja o exemplo na história de Gideão que foi para guerra e tinha a sua disposição mais de trinta mil soldados para batalhar, quando algumas perguntas testes e afirmações foram feitas, observe quantos de fato foram para a batalha, menos de um por cento, apenas trezentos guerreiros, os que não estavam de fato comprometidos foram embora, retrocederam, voltaram. Mas percebam que nem por isso a guerra foi perdida, pois é melhor ter trezentos comprometidos, do que milhares sem nenhum tipo de identificação com seu propósito.

Para liderar é preciso estar sempre em movimento, afinal ninguém segue quem está parado então mova-se, pois existe apenas um modelo e aqui vai o modelo ideal de liderança e ele é elo exemplo, lidere pelo exemplo e terás grandes resultados, afinal a equipe é o espelho do líder, se o líder é proativo, toda equipe assim será, mas se por outro lado o líder for acomodado, do tipo faça o que eu mando mais não faça o que eu faço, este estará fadado ao fracasso, seja ele um líder religioso, seja um líder de equipe de vendas, ou mesmo um pai de família, talvez não tenha os resultados esperados, então vou fazer questão de repetir, ninguém segue quem está parado e só conseguimos liderar pelo exemplo, lembra do versículo bíblico que colocamos no título, Paulo diz: sejam meus imitadores como eu sou de cristo, ou seja, Paulo quando assume o papel de liderança ele mostra que antes ele está imitando seu líder e que se assim fizermos teremos grandes resultados, convide sua equipe a imitar você, ainda que muitas vezes de forma não verbal.

Permita-me contar uma história para ilustrar essa situação, um dia fiz uma visita a um amigo que tem uma rede de lojas de móveis, fui até seu escritório que fica junto ao centro de distribuição, e ele sempre pedia a equipe que chegasse cedo, mas havia sempre desculpas e a folha de ponto sempre era cheia de atrasos e o meu amigo já não sabia o que fazer, até o dia que ele entendeu que a melhor maneira de liderar seria pelo exemplo, então ele passou a chegar todos os dias as sete horas da manhã em sua empresa, e não precisou falar nada, aos poucos a cultura foi se transformando, os funcionários que ocupavam cargos de chefia, vendo o dono da empresa chegar mais cedo que todo mundo, resolveu começar a chegar cedo, automaticamente os subordinados de cada setor ao perceber seus chefes já na empresa quando eles chegavam começaram a chegar cedo também, percebeu que atos valem mais que palavras, o ambiente hoje foi completamente restaurado e por um único fator, a visão de que só conseguimos liderar pelo exemplo, fez aquele amigo atingir melhores resultados em sua empresa.

Talvez ainda não chegou ao seu conhecimento que um líder deve servir para ser bem-sucedido, e todo ego, toda soberba devem ficar para trás, vejam mais uma vez o exemplo e modelo de liderança de Jesus, ele pede para lavar os pés dos discípulos, pois era uma cultura daquela região, porém aqueles que não permitissem não teriam parte com ele, pois houve resistência do tipo, como pode meu chefe querer lavar meus pés. Entenda, Jesus estava mostrando que para exercermos o papel de líder precisamos mostrar o valor que a equipe tem. Ainda me lembro do meu primeiro emprego, quando me veio a oportunidade de trabalhar em um call center, existia uma supervisora que entendia essa grande lição do mestre, e isso mantinha sua equipe com alta performance, atingindo sempre as metas do mês no que diz respeito às vendas, imagine alguém entendendo que uma pessoa seis horas sentada fazendo ligações, poderia está precisando de massagem, e ela percebendo isso, levava um carrinho de massagem lombar e fazia esse leve agrado para seus liderados, não quero dizer que todo líder deveria fazer massagem, no entanto digo que ele deve fazer algo que possa ganhar a equipe e fique marcado para sempre na vida daquelas pessoas. Grandes líderes trabalham no emocional, não operam por meio da força, observe quantas pessoas seguem os ensinamentos de Jesus até hoje no mundo inteiro, mas ele ensina em sua palavra que não deve ser por imposição, não pode ser por força, nem por violência, mas por amor. Veja o grande líder da índia, quantas pessoas mobilizou com sua baixa estatura e com seu grande intelecto. Existem fatos que precisam ser modelados, para que possamos nos tornar grandes líderes.

Como mencionei antes, o líder é eleito, seus comandados é que dizem se ele é ou não líder, se não ele não passara de um chefe que terá as pessoas trabalhando enquanto chicoteadas mais quando der as costas será sabotado. Você quer ir agora em um momento no passado em que você estava na sala de aula, seja no ensino fundamental ou no ensino médio, quando a professora perguntava quem vai ser o líder desta sala? Em algumas raríssimas vezes alguém se candidatava, mais na maioria das vezes alguém era eleito o líder da turma, quase como um coro unanime dizia, bota fulano professora, e sabe por que isso acontecia, porque desde aquele momento às pessoas já te identificavam como líder. Então caro leitor aproveite agora e deixe fluir o líder que existe dentro de você.

Vez por outra nos cursos de administração o professor pergunta no primeiro dia de aula, o líder já nasce líder ou qualquer pessoa pode se tornar líder, e eu na minha oportunidade respondi, professor as duas opções são corretas, vejam as crianças brincando, comece a fazer análises, desde os dois anos numa brincadeira coletiva de crianças, você já consegue identificar a criança que mais influência e orquestra quais serão as próximas brincadeiras, quem vai poder brincar com cada brinquedo. No entanto, ainda que você note que não nasceu com esses traços de liderança lembre-se que se esse é seu desejo a liderança pode ser desenvolvida, se você ainda não é um líder não esqueça, para se tornar um grande líder você precisa aprender antes a ser liderado e ser um admirador daqueles que conseguem liderar com maestria.

CAPÍTULO 15

O Poder do pensamento: *Ora, àquele que é poderoso para fazer tudo muito mais abundantemente além daquilo que pedimos ou pensamos, segundo o poder que em nós opera, Efésios 3:20*

Agora que estamos quase terminando, imagino que você queira saber qual é o grande segredo, para as pessoas que desejam ser prósperas alcançarem o estado e nível desejado, e gostaria antes de qualquer coisa, dizer por que usei a palavra próspera no lugar de rica, o motivo é simples, pois tem muita gente que tem dinheiro e não é próspera, pois as vezes, o excesso de trabalho apesar de está fazendo ela ganhar muito dinheiro, por outro lado tem feito essa mesma pessoa a sacrificar sua saúde, o tempo com a família e o tempo de lazer, já falei em outro momento que o avião precisa de muita força e velocidade apenas para decolar, depois de chegar no céu a velocidade continua alta, mas o esforço já não é o mesmo da decolagem, houve uma estabilidade. Com agente, não deve ser diferente, a busca pelo sucesso financeiro não deve prejudicar nossa saúde, nem muito menos nosso convívio familiar, por isso uma pessoa próspera e abundante consegue equilibrar todas às áreas, enquanto a que é apenas simplesmente rica acaba prejudicando alguns valores importantes, o que quero dizer é que as pessoas prósperas excedem o fator conta bancária.

Agora acredito que você já pode descobrir o grande segredo, você pode me responder uma pergunta? Alguma vez você já desejou de todo seu coração ter alguma coisa, sabe aquele desejo incrível, e quando você menos esperou, tal coisa aconteceu, ou talvez já deva ter assistido ao filme do gênio da lâmpada, onde quem encontrava poderia fazer até três pedidos e o gênio concedia, ou mesmo o desenho Dragão Ball, onde as esferas do dragão são reunidas para aqueles que as encontram façam três pedidos? Pois bem, esse é o grande segredo. Lembre-se o que sua mente é capaz de produzir ela é capaz de executar, e o que você não tem ainda é porque você ainda não sabe como, pois se soubesse teria! Então qual o meu papel para que você alcance seus objetivos. O primeiro passo é ter um objetivo claro, sabe o que tenho percebido nos últimos dias conversando com as pessoas? É que ela não tem um objetivo claro.

Então vamos lá, deixarei um espaço aqui, para que você possa responder. Qual é o seu principal objetivo? Foque nele com toda força possível, não se importe para o como vai acontecer, pois esse papel cabe a Deus, escreva aqui, se plural escreva os três mais importantes.

_____

_____

Agora responda, você está disposto a se doar para que esse objetivo aconteça, sem procrastinar, ou seja, sem criar desculpas, sem temer as rejeições e fracassos, entendendo que todo erro, toda falha são grandes lições e que sempre nos impulsionam e que sempre geram aprendizados, afinal muitos aprendizados vem acompanhado de dor, existe uma expressão muito usada aqui no Brasil apesar de ser uma expressão americana que as pessoas que vão à academia falam muito! **no pain no gain**. Se você está realmente comprometido e não vai parar haja o que houver, tendo a certeza que os vencedores treinam e não desistem nunca, responda transcreva a seguinte afirmação: Sim eu estou comprometido com meu objetivo e não vou parar até que ele se concretize.

_____

Agora vamos para alguns exemplos na bíblia, afinal se sou rico hoje é graças a Deus, veja que coisa curiosa, nem tudo que você pensa você faz, mas tudo que você faz antes passou pelo seu pensamento, os pensamentos são criados por uma grande quantidade de sensações que tivemos, sejam elas por meio do olfato, audição, visão, tato, paladar, todos esses sentidos, nos trazem os pensamentos e os mesmo nos levam às ações.

A seqüência é a seguinte, pensar > sentir > agir – primeiro você pensa a cerca de qualquer coisa, o pensamento produz algum tipo de sentimento e esse sentimento te impulsiona para uma ação, seja ela positiva ou negativa, vejam o caso de Jó que disse a seguinte expressão: o que eu mais temia me aconteceu, o pensamento, gerou um sentimento de medo, e o medo acabou trazendo a tragédia para seu lar. Então a partir desse principio, vou te orientar a mudar um pouco sua forma de pensar, e isso vai te trazer ganhos incríveis, vou te dar alguns exemplos do cotidiano, a partir de agora em vez de pensar em ganhar dinheiro apenas para pagar as contas ou para quando chegar o dia mal, você pensará em ter dinheiro, para ser abundante, poder comprar o que quiser, ir onde quiser e doar para quem quiser. Pois quando você pensa quero ter dinheiro para pagar as contas, imagina o que acontece você terá dinheiro só para pagar as contas, se você pensar em guardar dinheiro para quando chegar o dia mal então imagina o que vai acontecer? O dia mal vai chegar e você vai gastar tudo aquilo que poupou, faz sentido para você esse conhecimento que estou transmitindo? Eu quero ainda falar mais um exemplo para reforçar seu entendimento, a Madre Teresa de Calcutá disse: não me chame para lutar contra a guerra, mais se houver um manifesto a favor da paz estou dentro. Lembre-se que o que você mais foca cresce.

Já percebeu que as pessoas se doam mais para não perder do que para ganhar. Perceba o que acontece se eu disser que você vai perder sua casa se não conseguir cem mil reais para quitá-la, com certeza na maioria das situações as pessoas envolvidas neste processo empreenderia todo o esforço possível para alcançar o valor que não o fizesse perder a casa, mas se por outro lado eu disser: você pode comprar uma segunda casa por apenas cem mil reais, o esforço de ganhar essa nova casa, não é o mesmo que aquele empreendido pelo individuo que se sentiu na posição de ter que tomar uma atitude para não perder.

Vamos então à segunda etapa do poder do pensamento, você talvez já tenha lido o que a bíblia diz no livro dos salmos no capitulo oitenta e dois, se ainda não, vou reproduzir aqui para você, está escrito o seguinte: Vós sois deuses, e todos vós filhos do Altíssimo, e ainda para reforçar essa teoria o próprio Jesus disse que no nome dele poderíamos fazer coisas maiores do que as que ele fez, enquanto esteve como homem aqui na terra, pois ele foi cem por cento homem e cem por cento Deus. E agora que você já sabe do poder infinito da sua mente, lembre-se você precisa crer sem duvidar, potencialize e amplifique seu desejo elevando cada vez mais sua fé e reforçando suas crenças de que você consegue. A bíblia ainda revela que aquele que bate a porta se abre o que procura encontra e o que pede recebe. Agora me diga você está esperando para que os seus pedidos sejam realizados? Então vamos lá escreve o que você quer pedir agora? Bate na porta que você deseja que se abra! O que você está procurando? Comece a responder essas perguntas e verá que poder incrível vai começar emanar de você. Vejam a parábola da viúva importuna que diariamente solicitava a um juiz que lhe fizesse justiça, como ele percebeu que ela não deixaria de pedir até que ele lhe desse o que realmente queria, para se ver livre dela, resolveu fazer justiça em favor dela contra seu adversário. É como uma criança que não cessa de chorar até conseguir tirar de seus pais o que realmente querem. Aprenda que Deus está pronto para nos dar, mais do que tudo que pedimos e pensamos, mais do que tudo que sonhamos, pois os pensamentos dele são mais altos do que os nossos. Tudo é conquistado no campo da fé, que o firme fundamento das coisas que se esperam, e a prova das coisas que se não vêem. Está ficando animado com tanta palavra positiva? Então guarda mais essa, o que os olhos não viram os ouvidos não ouviram e nem subiu ao coração do homem, essas são as coisas que Deus tem preparado para aqueles que o amam, afinal todas as coisas contribuem para o bem daqueles que amam a Deus.

Quando você aprender a domar sua mente você desfrutará do melhor de Deus em sua vida, para isso você só precisa saber o que deve ocupar seus pensamentos e vou te responder agora, tudo o que é verdadeiro, tudo o que é honesto, tudo o que é justo e tudo o que é puro, tudo o que é amável, tudo o que é de boa fama, se há alguma virtude, e se há algum louvor, nisso pensai.

Agora que tal mais um exercício para que você possa se sentir cada vez melhor, vamos fazer uso da técnica do ensaio mental, se puder vá a um lugar mais silencioso possível, feche seus olhos e se imagine sendo ou tendo o que realmente deseja, e repita isso por quantas vezes você achar necessário, até que você possa de fato elevar sua crença a um nível que tudo possa contribuir para realização do seu objetivo, se, por exemplo, você quer ter um carro dos sonhos, sinta-se dentro dele, respire fundo sinta o cheiro do carro novo, toque mentalmente no volante, escute o que as pessoas que você mais ama estão falando de sua conquista, se você deseja ser um médico, sinta-se vestido com um jaleco e veja seu nome no jaleco, visualize seu paciente a sua frente, sinta toda energia necessária e mais que tudo escreva, faça seu quadro dos sonhos e coloque em um local que você possa visualizar com freqüência. Esse é o grande segredo das mentes mais brilhantes do mundo.

CAPÍTULO 16

PROPÓSITO DEFINIDO E FÉ APLICADA: *Ninguém que põe a mão no arado e olha para trás é apto para o Reino de Deus. Lucas 9:62*

A ideia desse capitulo é falar de algo que acontece com grande parte da humanidade, somos predispostos a procrastinar, no entanto mais do que apenas o deixar para depois e nunca realizar, somos convidados todos os dias a desistir. Por isso a maioria das pessoas acabam sendo medíocre, ou seja, medianos. Depois de ler um livro chamado o herói de mil faces, passei a analisar com mais sensibilidade o processo de vida e o caminho dos vencedores, é que a história dos grandes heróis e dos grandes líderes seguem a mesma trajetória, tem a mesma estrutura, o que muda de uma para outra são os personagens e as circunstancias enfrentadas por cada um, para resumir o processo o que podemos dizer é que todos são convidados para uma aventura, passa por um momento difícil e aqui é onde muitos param, os que continuam, acabam recebendo uma ajuda, seja de uma pessoa, um sábio, de um fato que lhe dar insights ou ajuda divina, e quando isso acontece elas conseguem seguir adiante vencer os obstáculos e triunfar, talvez você já tenha vivido isso em um processo mais simples, quando você perdeu um emprego, quando sua primeira empresa foi a falência, ou qualquer um desafio que depois lhe trouxe um emprego melhor, uma empresa maior ou um projeto mais solido do que o apreciado antes, o fato é que todo fracasso, dor ou problema traz consigo um benefício igual ou superior em tamanho, isso já aconteceu comigo muitas vezes e talvez se você analisar poderá encontrar momentos em sua vida em que isso aconteceu. Quero te convida neste livro a se apropriar da ideia de que, não devemos fazer algo para ver se dar certo, e sim fazer até dar certo, em alguns momentos precisamos definir datas para que possamos ser assertivos ao seguir o passo a passo de um projeto, como: ser especifico, perceber se é mensurável, perguntar para nós mesmos é termos a convicção se nossa mente concorda que podemos atingir, falo baseado no aspecto   que temos muitos "euzinhos", que são chamados de subpersonalidades que tem conflito interno, então se estivermos certos que nosso objetivo é alcançável, realizável e tangível, com certeza chegaremos a realização, vale ressaltar que nossos projetos que nos predispomos a fazer, não pode ter prazo de validade, pois o que colocamos um prazo de validade já estamos mandando a mensagem para nosso subconsciente que não é tão importante assim, por isso costumo dizer nas minhas conversas com amigos e familiares, não faremos algo pra ver se dar certo, vamos fazer até dar certo, isso não significa que devemos somente persistir em um mesmo caminho, pois as vezes um outro caminho pode te levar ao mesmo lugar, costumamos dizer que o mapa não é o território, pois imagine você em uma estrada dirigindo em viagem com amigos ou familiares e seguindo o roteiro de um mapa, seja ele físico ou digital, em um dado momento acontece um incidente de uma árvore cair no meio da pista, ou uma ponte naquele caminho ter caído e impossibilite você seguir viagem por este mesmo roteiro, o que logo lhe vem a cabeça? Será que você esperaria ali até que alguém removesse a árvore ou construísse uma nova ponte, ou você daria meia volta e procuraria uma outra estrada que te levasse ao destino? Eu optaria por buscar uma nova rota, ainda assim meu destino seria o mesmo e com certeza me manteria firme no meu propósito, tenho comigo uma frase de cabeceira que diz: Começou? Termine! Se não for para concluir é melhor que nem comece, e é justamente por isso que existe algo chamado planejamento, a fase em que pesquisamos pontos favoráveis e desfavoráveis, ou pontos fortes e fracos e começamos a trabalhar quando o planejamento está concluído. Talvez desistir em algum momento seja a opção, no entanto que não façamos isso de única opção, afinal, quem nunca desistiu de um emprego, de uma amizade de um relacionamento de um curso enfim. Perceba que até Jesus tentou desistir em um dado momento quando ele fala Senhor, afasta de mim este cálice, contudo não faça conforme a minha, mas segunda a tua vontade. Duas coisas a serem analisadas nessas rápidas palavras, a primeira percepção é que fraquejar até podemos, no entanto o que não devemos é desistir, faz parte do nosso comportamento humano que somos, e segunda percepção, o projeto de Deus é que concluamos a nossa missão, tarefa ou propósito, seja lá como você queira denominar. Jesus talvez, queria falar para nessa mensagem, acho que não estou pronto para isso, será que vou resistir, será que vou suportar, antes que tenhamos conflitos internos lembre-se que jesus era homem movidos pelas mesmas emoções que nós, ele tinha fome, sede, sorria e chorava. Para entendermos quanto é comum ver pessoas desistindo eu tenho uma boa história para contar-lhes, quando comecei a minha faculdade de Administração de empresas aos vinte anos existiam cerca de oito salas com cerca de setenta universitários em cada uma delas, a cada semestre parte da turma ia evadindo, até eu mesmo no sexto semestre, acabei trancando a faculdade e só retornando no semestre seguinte, com a sensação de que não tinha feito uma boa escolha, em ter trancado, a verdade é que acabei sendo afetado pelo efeito manada, onde muitos estavam deixando o curso então eu também tive minha próprias desculpas para ficar seis meses sem estudar, o fato é que quando me formei, a única turma que permaneceu tinham quarenta e cinco alunos, percebam de aproximadamente quinhentos e sessenta alunos, apenas quarenta e cinco concluíram. Essa é uma realidade que acontecem em diversas áreas onde muita gente coloca desistir como melhor opção, se convencem disso e simplesmente desistem. Estou escrevendo este capitulo no mês de setembro, o qual no Brasil, denominamos setembro amarelo, para chamar a atenção de uma coisa que também classificamos de desistência, estou falando de suicídio, percebam no caso mais extremo da desistência, tem gente desistindo da vida que é o bem maior e mais precioso que alguém pode ter. Vamos falar de mais um personagem bíblico, desta vez Elias o qual Tiago em sua carta diz que ele era homem sujeito as mesmas paixões que qualquer um de nós, já no livro de Reis no antigo testamento, percebemos uma narrativa que menciona Elias escondido em uma caverna e quase desiste por medo. E Deus disse para ele, você não está sozinho. You never alone, Veja o caso de Moisés, subiu ao moente, recebeu as pedras da lei, escrita pelo dedo de Deus, quando desce ver o povo adorado a um bezerro de

ouro e fica tão indignado que acaba quebrando aquelas tabuas da lei, e temeroso pede a Deus que possa continuar sua missão e ter seu nome escrito no livro da vida, ou em outras palavras no livro do legado, e encurtando a conversa Deus diz: Vai, pois, agora, conduze este povo para onde te tenho dito. Em outras palavras, segue teu caminho e continua focado no objetivo. E Moisés teve que reescrever as tábuas e continuar.
Em um dos livros de desenvolvimento pessoa que li do Napoleon Hill vi uma história que é muito fácil ser encontrada na internet, de um homem que está escavando em busca de ouro, e quando está muito perto, acaba desistindo e vai embora a centímetros de encontrar aquele tesouro, e quantas pessoas será que está a nossa volta e vem fazendo isso com frequência, escavam, buscam e na hora de colher os louros do trabalho, desistem e voltam para casa. É como um fazendeiro que faz suas plantações, mas desiste de esperar o momento da colheita, imagine, o homem idealiza e fala para si, vou plantar as árvores que darão os frutos mais deliciosos do mundo, e empolgado com aquela visão e desejo ele separa um dia para fazer a plantação, no entanto, passou um ano e aquela árvore ainda é muito pequena e precisará de mais algum tempo para dar seus frutos, no entanto aquele homem decide ir embora e abandonar toda plantação, julgando demorar demasiado o momento da colheita, o fato é que toda árvore só frutifica na sua estação, talvez se fizermos nossa parte e respeitar o tempo, com certeza teremos os benefícios e recursos que estão ai no universo e disponível para todos. Enquanto comecei a escrever esse capitulo, levei minha filha de seis anos para caminhar comigo e ela estava ansiosa por esse momento de poder andar ao meu lado, então no levantamos e com muito entusiasmo nos propomos a caminha cinco quilômetros, de forma que como você pode imaginar, ela começou a reclamar de que estava cansada, e esse era um roteiro que ela havia feito comigo dois anos antes e começou a recordar de que já havia caminhado antes e da primeira vez, sempre que ela dizia está cansada eu a carregava colocando – a no ombros e depois tornava a por ela no chão continuar a caminhada. No entanto desta vez, eu aproveitei o momento para de alguma forma plantar nos pensamentos dela que desistir não é uma opção, durante o caminho perguntava deseja para debaixo de uma árvore para descansar, lembre – se parar para descansar ou recalcular o trajeto pode, o importante é não desistir e ela continuar

caminhando e observando junto comigo o trabalho das formigas, o cantar dos pássaros, o quanto a montanhas estavam com sua vegetação mais verde naquele período de inverno e admirando e contemplando o percurso, pois talvez eu já tenha dito, que devemos ter um objetivo e até chegarmos até lá, devemos contemplar a caminhada. No final da caminhada, chegamos à praia e o mar estava calmo a praia estava cheia e ali um banho na praia, quando de repente escuto a voz da minha pequena filha falando, papai temos que aproveitar a vida não é. Eu respondi surpreso é verdade.

quero ainda compartilhar a história de mais dois personagens bíblicos que nos ensinam muito quando o assunto é perseverança um é o Neemias e o outro é o Jacó, que tal começarmos por Neemias, que era um empregado e que nos ensina muita coisa, primeiro no que diz respeito a comunicação assertiva e depois eles nos mostra como é bom ter um propósito definido, o trecho bíblico ao qual me refiro no Livro de Neemias começa assim: *"Se é do agrado do rei, e se o teu servo é aceito em tua presença, peço-te que me envies a Judá, à cidade dos sepulcros de meus pais, para que eu a reedifique".*

Perceba que ele se coloca numa posição de pedido entendendo a autoridade do rei e chega com um propósito definido que era reconstruir a cidade dos para reedificar. Aqui também encontramos uma padrão típico de contar histórias que atraem as pessoas, a história tinha um Herói que era o próprio Neemias, com a Missão de reestruturar a cidade, com o desafio de passar por lugares perigosos e reconstruir o muro para no final ficar tudo bem, então perceba a estrutura que viveu este personagem, muitos outros tiveram essa mesma sequência, e provavelmente com você não será diferente, você será o herói da sua história, saiba que você terá o desafio, receberá a ajuda de alguém ou algo como Neemias recebeu do rei, enfrentará alguns desafios e se permanecer na caminhada vai atingir o seu objetivo que no caso de Neemias era reconstrução dos muros da cidade em que viveram seus pais, outro ponto que desejo compartilhar com você vem em seguida quando o rei faz a seguinte indagação: *Quanto durará a tua viagem, e quando voltarás? E aprouve ao rei enviar-me, apontando-lhe eu um certo tempo. Escrito no capítulo dois do livro deste personagem bíblico.*

E com esta fala do rei, tiramos um valioso proveito, e talvez você esteja desejoso em saber, que aproveitamento podemos tirar dessa fala do rei, vou te contar: O rei pede que Neemias determine o prazo de permanência em pró daquele objetivo, isso mesmo estimado leitor, além de ter um sonho especifico, ele precisa ter um prazo pra ser concluído, ainda que seja necessário você estenda o prazo, o fato é que você realmente precisa trabalhar com prazos isso dará maior tangibilidade e concretização no que você se propôs a fazer.

Acredito que agora podemos partir para a história de Jacó, que foi um homem muito paciente e perseverante, imagine a história de um homem que se apaixona por uma mulher, era a pessoa mais linda doce e inspiradora que ele já havia colocado os olhos, e a história narra que Jacó fica tão apaixonado por Raquel que decide casar-se com ela, no entanto, seu sogro Labão, criar uma espécie de meta que deveria ser atingida para que ele pudesse ter a esposa dos sonhos, a meta era que ele trabalhasse para seu tio e futuro sogro labão por sete anos para então ter o coração daquela linda mulher, para muito seria um bom motivo para desistir, quem você conhece que esperaria por sete anos para ter um sonho realizado, talvez você me diga, como era algo certo qualquer um esperaria, e o que posso dizer para você, é que a única certeza que existe é que não existem certezas, e Jacó topou o desafio e começou a trabalhar, e Labão nunca foi tão prospero em sua vida, quanto o tempo que seu sobrinho o servia, ao perceber isso ele bolou um plano e como era cultural em seu tempo ele teria respaldo para aquele ato, e ao se passarem sete anos, Jacó acaba ido para a sua lua de mel, no entanto ao amanhecer ele tinha dormido com a mulher errada, e quando olha era a irmã mais velha de Raquel, sim a moça vesga chamada Lia, então Jacó decepcionou-se, após trabalhar por sete anos em pró do seu objeto, teve a infeliz notícia que precisaria trabalhar mais sete anos para ter seu objetivo alcançado, e como aquele desejo era muito forte dentro dele, então Jacó continuou o seu trabalho e percebeu que realmente era o que tinha que fazer, pacientemente trabalhar e esperar por mais sete anos, o objetivo foi alcançado e agora Jacó pôde ter os benefícios do casamento que ele tanto esperava. Percebam que a sequência é praticamente igual para todo, claro que com histórias diferentes mais a vida tem uma estrutura, e aquele que entenderem isso poderá assumir o papel de herói e ser um grande vencedor.

CAPÍTULO 17

ALIMENTAÇÃO: CUIDANDO DO TEMPLO DO ESPÍRITO. Experimenta, peço-te, os teus servos dez dias, e que se nos deem legumes a comer, e água a beber. Daniel 1:12

A ideia de riqueza não apenas ter muitos recursos financeiros, mas sim também poder disfrutar dele e a melhor forma de fazer isso é mantendo a sua alimentação balanceada, comendo alimentos saudáveis, e por isso contaremos um pouco da história de Daniel. Uma dica que recebi de um grande magnata, um dos mais ricos do mundo foi a seguinte, ele dizia que deveríamos comer não para ficarmos tão cheios a ponto de não conseguir nem andar, mais que comamos até ficarmos levemente faminto essa seria a medida ideal para uma boa alimentação com equilíbrio para o corpo, falo não como nutricionista, mas com o exemplo do personagem bíblico Daniel e seus amigos que se recusaram a comer a comida do reino, para comer apenas legumes, muitos grandes pensadores falam da importância do tipo de alimento que colocamos na nossa dieta, é utilizado muitas vezes exemplos de animais de grande porte que são herbívoros e conseguem ser fortes e robustos se alimentando apenas de plantas, já parou para notar o porte físico de uma vaca, rinoceronte, hipopótamo, elefante, gorila, cavalo, dentre outros que você também deve conhecer, esse argumento é para aumentar nossa longevidade e termos mais tempo para desfrutar daquilo que o senhor nos concedeu. Outra dica que a bíblia nos apresenta que pode ajudar e muito é o hábito do Jejum, além de ser uma ótima dica para a vida de santidade e espiritual ele também ajuda no equilíbrio e peso ideal, de acordo com tamanho e altura. Preciso fazer ainda duas ponderações, a primeira que considero muito importante, é que nosso corpo é templo do Espírito Santo, ele é a morada, sim a habitação do senhor, por isso temos mais um motivo para preservar e conserva-lo saudável, e segunda dica que preciso falar a respeito de alimentação, é que o ato de comer demasiadamente é considerado como o pecado da gula, conhecido também como um dos sete pecados capitais. Existem algumas regras na bíblia para a alimentação considerada desejável, a mais recomendada, aproveite a lista para começar a planejar o seu cardápio, algumas pessoas que começaram a praticar, conseguiram até emagrecer, chegando a ter o corpo que se considera ideal quando nos referimos ao IMC.

Conheça as regras da Dieta da Bíblia:

1.   As carnes ingeridas devem ser somente de animais ruminantes com casco dividido em dois e unha fendida, como o boi, ovelha, carneiro e cabra.

2.   A carne de porco é proibida assim como os outros animais que não ruminam.

3.   A ingestão de sangue de animais é proibida; as carnes não podem ser consumidas cruas ou mal passadas. Devem ser muito bem cozidas, assadas ou grelhadas.

4.   O leite e seus derivados (queijo, coalhada, creme de leite, etc) são permitidos, mas nunca podem ser ingeridos na mesma refeição com derivados da carne, como: filé a parmegiana, estrogonofe. Ou seja, derivados do leite e da carne devem ser consumidos em refeições separadas.

5.   As aves são permitidas assim como seus ovos, desde que não estejam fecundados.

6.   Frutos do mar são proibidos: Camarão, marisco, lagosta, ostra, etc.

7.   Os peixes com escamas são permitidos. Como a pescada, sardinha, tainha, etc.

8.   Os peixes sem escamas são proibidos, como o cação, pintado, atum, etc.

A dieta proposta por Daniel foi tão eficaz que em apenas dez dias, a comparação feita entre Daniel e seus três amigos que comeram legumes e beberam água e aqueles que desfrutaram das iguarias do rei, foi constatado que a turma de Daniel, tinha a melhor aparecia e tinha chegado a robustez de animais como aqueles que mencionei anteriormente. A bíblia está repleta de exemplos, o próprio Deus fez a dieta do povo do deserto, quando aqueles que seguiam Moisés eram alimentados pelo próprio Deus, com o maná e codornizes e isso aconteceu durante quarenta anos. Acredito que deu para perceber nesses exemplos mencionados o quanto é interessante ter uma alimentação rica em nutrientes, conforme menciona a bíblia, se quer ser uma pessoa ainda mais abundante, continue cuidando, da sua mente, do seu espírito e do seu corpo, assim se prolongarão seus anos na terra.

CAPÍTULO 18

ABUNDANTE EM TUDO – Aquele, pois, que sabe fazer o bem e não o faz, comete pecado.
Tiago 4:17

Sabe aquela lei de que tudo que você dar você recebe de volta, mesmo que essa não seja sua intenção, nossas ações são como um Bumerangue nós lançamos elas, e elas voltam. A diferença é o lançador geralmente volta no momento exato do arremesso, nossas ações podem trazer retornos imediatos ou de longo prazo, existem alguns ditados do tipo, tudo que plantamos colhemos, e nessa linha de pensamento, prefiro ainda exercer aquele que diz, faça o bem sem olhar a quem, aliás não custa nada espalhar um pouco mais de gentileza e de bondade por esse mundo, faz sentido para você esse modo de ver a vida?

Lembro-me que quando estava me formando na faculdade de Administração de empresas precisávamos fazer o famoso trabalho de conclusão de curso, e o tema que escolhi foi, montar uma ONG que ajudasse os moradores em situação de rua a saírem da margem da sociedade e voltarem a ter vidas dignas como verdadeiros cidadão brasileiros, e pensei em fazer isso de forma a defender duas causas em um único projeto, a primeira querendo construir um valor utilizando garrafas pets na construção de móveis artesanais, de forma que eles pudessem ter como bancar com seus próprios esforços um local para viver, sendo produtivos e ainda ajudar a preservação do meio ambiente, já que reaproveitaríamos os plásticos de garrafas pets que levam anos para total decomposição quando deixado para traz em aterros sanitários, ou mesmo quando são descartados de forma inapropriada pelas pessoas, enfim concluir esse objetivo de montar o projeto. Embora até aqui ainda ser apenas um projeto que se encontra no papel, mas ele ainda tem um espaço em aberto na minha vida a ser preenchido, por enquanto sigo ajudando a Missão Batista do Pelourinho que também está alinhada com esse objetivo. No entanto o fato que quero chamar atenção com toda essa história é o efeito de abundância que programamos em nossas mentes ao ajudar pessoas, e não precisamos ser ricos para ajudar alguém, é possível começar doando um quilo de alimento a obra social de uma igreja ou instituição de caridade, faça um teste e depois conte-me pelas redes sócias a sensação que você teve ao ajudar, caso ainda queira contribuir de outra forma, você pode ser um voluntário, ainda me lembro do dia que sair com um grupo de pessoas que ajudavam a recolher alimentos e cobertor para levar a pessoas em situação de rua, a sensação é realmente de dever concluído. Percebam que a maior parte das pessoas que são prosperas e abundantes apoiam alguma causa, seja ela uma causa do desenvolvimento intelectual, criando instituição voltada para o ensino e educação, outros com o objetivo de ajudar pessoas que passam fome, realidade que no Brasil em 2019 o número de pessoas em situação de pobreza chega a cinquenta e quatro milhões, o que equivale a um quarto da população brasileira segundo dados divulgados pelo instituto de pesquisas do país.

Como nosso livro trata-se de trazer embasamento bíblico para todas as questões abordadas, com esse tema não seria diferente. E quero aqui começar destacando um proverbio que traz tal reflexão: O que tapa o seu ouvido ao clamor do pobre, ele mesmo também clamará e não será ouvido. Está escrito no proverbio bíblico capitulo vinte e um versículo treze, ajudar na verdade é o ato de compaixão. A bíblia ainda menciona a história de um homem que ficou devendo muito ao seu senhor e clamou por compaixão, no entanto aquele senhor perdoa a dívida daquele servo, porém ao sair perdoado de sua dívida encontrou alguém que o devia, e abordou de forma tão severa que teria um fim trágico e ao ser informado sobre o ocorrido, aquele rei olha a situação e o questiona: não perdoei as suas dívidas? Você clamou por compaixão e agora não age assim com seu próximo. Infelizmente isso se repete muitas e muitas vezes, pessoas que desejam ser ajudadas, mas se recusam a ajudar. Lembra-se do que falei anteriormente nossas ações são como um bumerangue, elas voltam exatamente do jeito que lançamos, ou as vezes até pior ou melhor, isso claro vai depender de quais são suas ações. A bíblia sugere que ajudemos os pobres e as viúvas, assim como os órfãos, são pessoas em estado de vulnerabilidade, ao fazer isso estaremos agradando e muito esse ser superior que é um grande juiz. Existe ainda relatos bíblicos de ajuda aos pobres no capitulo vinte e cinco do livro de Matheus no novo testamento bíblico, com promessa de morada no inferno garantida, aos que assim não procederem, o próprio Jesus falou: tive fome, e não me destes de comer; tive sede, e não me destes de beber; sendo estrangeiro, não me recolhestes; estando nu, não me vestistes; e enfermo, e na prisão, não me visitastes. Então eles também lhe responderam, dizendo: Senhor, quando te vimos com fome, ou com sede, ou estrangeiro, ou nu, ou enfermo, ou na prisão, e não te servimos? Então lhes responderá, dizendo: Em verdade vos digo que, quando a um destes pequeninos o não fizestes, não o fizestes a mim.

Conseguiu perceber a profunda cooperação ao reino de Deus que você faz ao ajudar os necessitados, quando fazemos isso por estes, estamos fazendo em beneficio ao próprio Deus. O qual ao fazermos em oculto ele nos recompensa de forma pública. Já percebeu que as vezes por uma questão de modéstia algumas culturas ensinam que não devemos fazer nada por interesse, talvez esse viés tenha uma interpretação um tanto que distorcida, uma coisa é não esperar em troca, outra é não ter interesses, pois no final nossos atos vão produzir algum efeito que nos interessa, por exemplo ao fazer uma doação você não espera nada em troca daquela pessoa, mais talvez seu interesse seja sentir-se bem por ter a oportunidade de ajudar. Existem em nossas jornadas crenças e programações que são limitantes, outras impulsionadoras e há uma a qual me apego, quando minha mãe fazia uso da frase: "meu filho, quem não nasce para servir, não serve para viver", o próprio Jesus é o grande exemplo de serviço. E o próprio Deus ao criar tudo que hoje há, criou com interesse de ser adorado, como tem no livro dos salmos no salmo cento e quarenta e oito que diz que toda criação deve louvar ao senhor. Percebe como tudo vai se encaixando. E o adoramos porque Deus não pode adorar-se a si mesmo.

É ideal lembrar que quando fazemos uma doação o comando e instrução que estamos dando para nossa mente é que está sobrando, afinal você não faz doação do que falta, e esses gatilhos vão produzindo caminhos novos em sua mente que o levará a uma vida abundante financeiramente.

Numa tarde de compras no mercado, eu fui abordado por um homem que se aproximou de mim e fez uma conexão fantástica, ele aparentava está bem para baixo, pois na história que me contou havia acabado de perder o emprego e mencionou os locais que trabalhou como zelador e dos locais mencionados eu conhecia, e le me falava que tem um filho que se parecia muito comigo e aparentava termina idade e estava na faculdade, ele contou muito sobre o que estava passando com ele no momento, a essa altura eu já estava passando minha compras no caixa, quando ele depois de criar uma boa conexão me pediu que comprasse para ele um frango, já que ele estava passando por este momento difícil, e esse fato aconteceu um dia antes de eu ter fechado este capítulo do livro, achei por bem colocar essa história aqui por algo me chamou atenção depois da doação, já no carro minha esposa falou as seguintes palavras, essas coisas sempre acontecem com você, e eu disse verdade, pois não é raro, alguém se conectar comigo na rua e fazer uma solicitação, e se tem uma coisa que para mim é muito difícil é dizer não, até pelo motivo de ter o desejo de ajudar o máximo de pessoas possível, e queira o Senhor Deus que eu possa cada dia mais ter a possibilidade de contribuir com mais e mais pessoas, e desejo que assim seja para você também, pois sempre que o senhor dar uma responsabilidade ou uma benção a alguém, ele faz isso para que outros sejam abençoados, afinam quem nunca leu a mensagem que fala do homem rico que foi convidado por Jesus a doar tudo aos pobres, e foi um desafio tamanho o qual ele não conseguiu de desapegado a tal ponto, e hoje começo a olhar alguns dos homens mais ricos deste momento que escrevo o livro, Bill Gates, Mark Zukemberg, Warren Buffett, todo eles tem uma causa para defender, seja, contra a fome ou luta em busca do extermínio da poliomielite, o fato é que se não utilizarmos em vida retribuído o favor que nos concedeu o senhor ajudando aos que precisam com estes recursos abundantes que o nos foi proporcionado, em nossa morte alguém utilizará de outra forma talvez, enfim, que possamos ajudar sempre, se não conseguem enxergar a quem ajudar, apenas olhe para o lado e logo encontrará alguém que precisa.

CAPÍTULO 19

Seja Grato | o ultimo na verdade é o primeiro passo: *E, respondendo Jesus, disse: Não foram dez os limpos? E onde estão os nove? Lucas 17:17*

Ao concluirmos esse livro com esse que deveria ser o primeiro capitulo, quero ser grato a você por ter seguido tais orientações que lhes foi passada até agora e grato também por você ter se dado a oportunidade de crescer como pessoa e como empreendedor, desejo que tenhas mais motivos para agradecer do que para pedir a Deus, afinal ele tem nos concedido mais do que aquilo que pedimos ou pensamos. É obvio que de tudo que vimos até aqui aprendemos que uma boa história é capaz de fazer você conquistar a cada dia mais clientes, e que tal se essa história contada fosse a sua, as pessoas amam fazer parcerias com quem elas se identificam, então tente entrar em sintonia com seus parceiros potenciais, mas jamais se esqueça de agradecer de forma sincera e honesta, tanto aos seus clientes externos que são aqueles que trazem o dinheiro para sua empresa, quanto os internos que são os mais popularmente conhecidos como funcionários, que para muitas empresas é o seu ativo mais importante.

Como você percebeu que eu amo uma história e quando tem respaldo bíblico é ainda mais gostosa de ser contada. Eu quero agora relatar um fato que acontece no livro escrito pelo médico Lucas o qual é o terceiro livro do novo testamento em seu capitulo dezessete. Nesses trechos do pergaminho nós encontramos uma história de cura, onde dez leprosos pedem a Jesus para curá-los, e com toda autoridade, Jesus os curou, no entanto apenas um voltou para agradecer, e Jesus perguntou onde estão os outros nove?

Acredito que nós também agimos dessa forma quando fazemos algo para alguém, não que façamos esperando um agradecimento, mais acredito que o gesto mais simples que podemos demonstrar ao receber algo é o de gratidão. Ainda que em alguns casos nós venhamos a enxergar como uma obrigação da pessoa em questão fazer algo a nosso favor, mas ainda assim acredito que o gesto de agradecer potencializa ainda mais nossos relacionamentos, pense comigo se o seu funcionário está ali trabalhando dando o seu melhor pela sua empresa, e no fim do dia você toca o seu ombro e fala para ele: obrigado por dar o seu melhor hoje, o que você acha que vai gerar no amago desse funcionário? Acredito que você tenha respondido motivação e isso apenas por um único e simplório gesto que a você não teve nenhum custo adicional, mais que pode lhe trazer benefícios extraordinários. Além disso é importante você saber que quando agradecemos, algo mágico acontece em nós e é cientificamente comprovado. O ato de agradecer é positivo, pois descarta as coisas negativas e os sentimentos ruins e foca sua emoção e sua atenção nas coisas boas que a vida já lhe deu. Pessoas gratas tendem a sentir menos dores e a sentirem-se mais saudáveis que pessoas que não tem o hábito de agradecer, segundo uma pesquisa de 2012 publicado no *Personality* and Individual Differences.

A Gratidão reduz uma infinidade de pensamentos e sentimentos negativos como inveja, ressentimento, frustração, arrependimento, dentre outros. É verdade ainda afirmar que a gratidão aumenta a felicidade e reduz a depressão. A palavra **Obrigada** é tão importante que nós ensinamos aos nossos filhos desde que aprendem suas primeiras palavras, papai, mamãe, água, logo em seguida, bom dia, boa tarde e boa noite, são as primeiras expressões de educação que ensinamos e na sequência vem o muito obrigado. Talvez você já tenha notado em uma roda de amigos, que quando chega uma família com uma criança e você com toda sua gentileza, toma a iniciativa de comprar um bombom ou um doce para aquela criança, logo vemos aquele pequenino feliz e saltitando com o doce que acabou de receber e na sequência ele quer logo abrir para degustar aquele saborosíssimo bombom, quando vem uma voz quase que do além e pergunta para a criança "como é que diz" E esse pequenino bastante sem jeito responde obrigado, mais ainda assim fala tão baixo que ninguém escuta e logo os pais durões dizem ele não ouviu, e o menino meio que na marra responde mais alto: **OBRIGADO**. Claro que isso não é regra, mais estou demonstrando que mesmo pequeno sendo treinado a ter gratidão, ainda assim é uma palavra que parece um cadeado que trava a boca do ser humano, mas ainda bem que hoje você está recebendo a chave para destravar esse cadeado e ser mias grato. Quer motivos para agradecer posso começar uma lista pra você e você continua, comece a se concentrar sentir o seu coração bater e logo em seguida agradeça, pois você está vivo e a vida é um grande milagre, respire fundo sinta o vento e certifique-se mais uma vez que você é um ser de sentimentos e que pode ter o contato com o oxigênio, depois agradeça pelo seus familiares, pois na maioria das vezes eles são nossa base, depois agradeça pelo trabalho que você tem, ainda que você não considere o melhor trabalho, a melhor empresa, o melhor negócio, mas é dali que você tira o sustento de sua provisão ou parte dele. Por fim agradeça a Deus o criador, por que com certeza ele vai te dar muito além do que você imagina. Gosto do versículo que diz: o que o olho não viu o ouvido não ouviu e não chegou ao coração do homem essas são as coisas que Deus tem preparados para aqueles que o ama. Lembro – me que desde que comecei a frequentar a igreja, todo final de ano, na passagem do ano velho para o que está chegando louvamos uma canção de agradecimento. E ela nos ensina a agradecer ao Senhor por tudo que ele fez pelo que vai fazer pelas promessas dele em nossas vidas e também pelo nosso ser.

Depois de falar tanto em agradecimento espero que você possa alcançar seus objetivos. Mais preciso te dizer algo muito importante antes de findar esses relatos, você como empreendedor, vai ganhar muito dinheiro, mas entenda que o que passa do valor que supri todas as suas necessidades são apenas troféus e já não farão mais diferença nenhuma, serão apenas números na conta, tome como exemplo o jogador de futebol mais bem pago do nosso país, será que o bilhão que tem na conta dele o torna melhor que você em algo. Então o segredo aqui é lutar pelo suficiente para manter um padrão de vida legal e não ter o dinheiro como foco, mais sim o objetivo em si. Obrigado por ter compartilhado dessa experiência comigo. E se for de sua vontade presentei com este livro uma pessoa que você gosta muito como um gesto de gratidão a ela pelo que ela representa na sua vida!!

Bônus Técnicas de Vendas

Neste capitulo, acredito que algumas técnicas infalíveis de venda podem te ajudar na sua caminhada e no alcance de suas metas e objetivos, principalmente se você trabalha com vendas, aliás costumo dizer que só faz dinheiro quem vende algo, uso a terminologia fazer dinheiro, por que na verdade ninguém ganha dinheiro, na verdade fazemos dinheiro, ainda que coloquemos ele para trabalhar para nós, rendendo com juros compostos em qualquer modalidade precisamos, fazer dinheiro para alcançarmos grandes resultados, então a primeira opção é técnica chamada de *OU OU,* essa técnica se aplica em posse de dois produtos, onde você demonstra ao cliente e ele acaba tomando uma decisão, por uma das opções, pois você já encurtou o caminho em sua mente da tomada de decisão, eu como disse em minha biografia já fiz muitas coisas e por último fiz vendas de perfume e essa técnica era simplesmente incrível, veja como é a aplicação na prática, eu perguntava para o potencial comprador, você gosta de perfumes *femininos ou masculinos?* Você costuma usar perfumes nacionais ou importados? E após colher algumas informações aplicava as amostras de perfume em sua pele e perguntava do qual o senhor *gostou mais? Deste primeiro no braço esquerdo ou deste segundo no braço direito?* E a partir desse momento já me dirigia para o fechamento

Existe outra muito usual que é conhecida como a condicional, vou te mostrar também como podemos aplicar essa técnica de vendas. Quem trabalha com vendas já deve ter escutado a famosa frase vou pensar, e neste momento você começa a sua relação com o cliente e faz a seguinte pergunta o que o senhor levará em consideração nessa análise para autorizar a compra, perceba que você já coloca poder nas mãos do cliente ao utilizar a palavra *autorizar*, ele se sente mais importante e como se estivesse no controle da negociação o que o deixa feliz. E logo ele fala tenho que falar com minha esposa, você tudo bem ótimo senhor João será um prazer poder atender o senhor e sua esposa e ver vocês realizados com a nova aquisição, mas me diga além de precisar pensar, falar com sua esposa, algo mais impede o senhor de levar nosso produto agora? E você esgota todas as possibilidades, no entanto pode parar por ali e você já vai saber o que fazer ou ela dar outros motivos até chegar ao motivo real, de repente ele pode dizer, sabe o que é senhor vendedor não gostei muito da cor ou o valor ficou um pouco acima do meu orçamento e agora sim você vai usar a técnica vendas. Se eu conseguir o produto X ainda hoje na cor desejada o senhor nos autoriza fazer a entrega hoje ou amanhã pela manhã? Repare que aqui já aproveitei a deixa da primeira técnica e já envolvi com esta segunda que é a condicional. Percebeu o que falei? *Se eu conseguir* na cor desejada, ou se eu conseguir um bom desconto para o senhor, o senhor aprova? E a parte daí o vendedor dever sentir o momento para concretizar e finalizar a venda.

E por último quero falar sobre a estratégia da **escassez**, perceba que as pessoas tendem a agir mais quando sentem que vão perder do que quando tem a oportunidade de ganhar algo. Para essa técnica eu tenho uma história que aconteceu comigo, quando estávamos prestes a alugar um local para o aniversário de cinco anos de minha filha Ianne, fizemos o contato e os atendentes logo usaram a técnica da **escassez** no fechamento com minha esposa, eles disseram, que existia uma promoção que o espaço estaria com desconto de quarenta por cento até uma determinada data, para ficar mais claro, era uma segunda feira e eles disseram: até sexta conseguimos manter essa promoção para a senhora, e logo minha esposa ficou muito balançada e queria assinar o contrato na mesma semana com medo de perder o desconto, como se não bastasse eles disseram o pior não é perder o desconto senhora o pior é perder a data para outra pessoa, é que a data está muito concorrida e pode ser que a senhora não consiga mais realizar o aluguel para esta data, já dar para imaginar o que aconteceu não é? Minha esposa ficou praticamente desesperada e disse corre no carro e pega o cartão urgente para garantirmos logo, a festa da menina tem que está impecável e todas outros detalhes que você já deve ter passado por uma situação assim, mais perceba além da questão escassez, eles mexeram com às emoções dela e colocou ela em disputa com outras pessoas que sabe lá Deus quem eram ou se realmente existiam.

E por último o famoso acompanhamento conhecido em inglês como **follow up,** que nada mais é que tratar seu cliente com profissionalismo, acompanhando as datas de trocas periódicas se o serviço ou produto for de uso continuo. Ligar caso ele marque uma data ou horário, seja rigoroso com esses detalhes que podem fazer toda diferença, e o fará um profissional extremamente eficiente e destacado entre os demais.

Então aproveite e comece a usar as técnicas de vendas, existem outras várias, mas aproveitei para passar apenas algumas para você como bônus para que tenha sido muito válido seu investimento nesse material enriquecedor

MENSAGEM FINAL

É desejo de Deus que sejamos ricos

Não digo isto como quem manda, mas para provar, pela diligência dos outros, a sinceridade de vosso amor. Porque já sabeis a graça de nosso Senhor Jesus Cristo que, sendo rico, por amor de vós se fez pobre; para que pela sua pobreza VOCÊ SE TORNE RICO.

2 Coríntios 8:8,9

Made in the USA
Las Vegas, NV
21 May 2021